戸田建設の建築標準ディテール図集

設計・施工の蓄積から

第3版

戸田建設建築工事技術部編著

彰国社

まえがき

　建築物は，多数の部品が複雑に絡み合いながら，部分および全体が構成されています。そして，建築工法が湿式から乾式主体へと変化してきている今日，部品数はますます増加してきています。

　これらの部品を，その用途に見合った機能とコストの関係をうまくバランスさせながら組み合わせることによって，一つのデザインとしてのディテールが出来上がることになります。

　このディテールは，大きく二つに分けることができます。一つは設計者の感性の発露として，他に見られない独自性を追求しようとするもので，もう一つは，繰り返してよく使われるものです。後者は"定番のディテール"とでも呼べるもので，たとえ新しい材料や工法を使っていても，先人のノウハウを活かしていますので，作業のしやすさはもちろんのこと，部位としての機能を発揮して，不具合が発生しにくく長持ちするという特徴があります。また，出来上がり状態についても，多くの人達の目に馴染んできたものですから，見栄えもよいということになります。

　初版では，"標準ディテール図集"という書名が表しているとおり，ほぼ定番といえるものを収録しています。これは，読者層の設定を，建築を学ぶ学生の方々や，実務に就いて間もない方々を主な対象としていることが理由の一つです。"学ぶ"の元の意味が"真似ぶ"であるように，まず定番を自分のものにして，それをベースに若き感性と技術力によって，時代に即した新しいディテールを生み出してくれることを祈りながら編集作業を進めました。

　1993年に初版を発行し2007年に第2版を発行しましたが，第2版発行から10年が経ち，材料や工法が変化してきました。今回の改訂も前回同様に，変化を採り入れ初版編集の精神である時代に即した新しいディテールとしています。

　本書が，若い技術者の参考書として，また実務上での技術思考の手引として活用されることを願ってやみません。

　　2017年12月

　　　　　　　　　　　　　　　戸田建設（株）・生産設計部課 標準ディテール図集改訂チーム

目次

本書の利用に当たって　　6

101　室　別　……………………………………………………………………………… 7
- ─1　玄関ホール・風除室─1（内壁空積工法）　　8
- ─2　玄関ホール・風除室─2（内壁空積工法）　　9
- ─3　玄関ホール・風除室─3（壁／乾式工法）　　10
- ─4　玄関ホール・風除室─4（壁／乾式工法）　　11
- ─5　玄関ホール・風除室─5　　12
- ─6　玄関ホール・風除室─6　　13
- ─7　事務室・廊下─1　　14
- ─8　事務室・廊下─2（システム天井・OAフロア）　　15
- ─9　事務室・廊下─3　　16
- ─10　OAルーム・事務室（サーバールーム・電算室）　　17
- ─11　会議室・応接室─1（壁／コンクリート下地）　　18
- ─12　会議室・応接室─2（壁／鋼製壁下地）　　19
- ─13　便所・湯沸室─1（壁／コンクリート下地）　　20
- ─14　便所・湯沸室─2（壁／せっこうボード直張り下地）　　21
- ─15　便所・湯沸室─3（壁／鋼製壁下地）　　22
- ─16　休憩室・和室─1（壁／断熱壁下地）　　23
- ─17　休憩室・和室─2（壁／鋼製壁下地）　　24
- ─18　機械室─1（地下階）　　25
- ─19　機械室─2（地上階）　　26
- ─20　厨房　　27

102　壁天井下地　………………………………………………………………………… 29
- ─1　鋼製壁下地─1　　30
- ─2　鋼製壁下地─2　　31
- ─3　鋼製壁下地─3　　32
- ─4　鋼製天井下地─1　　33
- ─5　鋼製天井下地─2　　34
- ─6　鋼製天井下地─3（下り天井／野縁が下り天井に平行な場合）　　35
- ─7　鋼製天井下地─4（下り天井／野縁が下り天井に直角な場合）　　36
- ─8　コンクリートブロック帳壁　　37

103　外　壁　……………………………………………………………………………… 39
- ─1　ひび割れ誘発目地・打継ぎ目地　　40
- ─2　構造スリット　　41
- ─3　タイル伸縮目地　　42
- ─4　タイル張り─1　　43
- ─5　タイル張り─2　　44
- ─6　斜め屋根（タイル張り，アスファルトシングル葺き）　　45
- ─7　花こう岩張り─1（乾式工法／ダブルファスナー）　　46
- ─8　花こう岩張り─2（乾式工法／シングルファスナー）　　47
- ─9　花こう岩張り─3（乾式工法／鉄骨下地）　　48

104　屋　上　……………………………………………………………………………… 49
- ─1　キープラン　　50
- ─2　アスファルト防水・コンクリート押え─1（外断熱）　　51
- ─3　アスファルト防水・コンクリート押え─2（外断熱）　　52
- ─4　アスファルト防水・コンクリート押え─3（内断熱）　　53

室　別
壁天井下地
外　壁
屋　上
内部開口
外部開口
階　段
便　所
湯沸室・厨房・シャワー室
和　室
内部雑
外部雑・外構
附　表

—5	アスファルト防水・コンクリート押え—4（外断熱／横型ルーフドレン）	54
—6	アスファルト防水・コンクリート押え—5（内断熱／横型ルーフドレン）	55
—7	アスファルト防水・コンクリート押え—6（外断熱／縦型ルーフドレン）	56
—8	アスファルト防水・コンクリート押え—7（内断熱／縦型ルーフドレン）	57
—9	アスファルト防水・露出（外断熱）	58
—10	シート防水（外断熱／合成高分子系ルーフィングシート防水）	59
—11	出入口	60
—12	丸環	61
—13	タラップ	62
—14	手すり	63
—15	鳩小屋	64
—16	設備用機器基礎	65

105　内部開口　　　67

—1	扉枠—1（木製／コンクリート壁下地）	68
—2	扉枠—2（木製／鋼製壁下地）	69
—3	扉枠—3（鋼製／コンクリート壁下地）	70
—4	扉枠—4（鋼製／鋼製壁下地）	71
—5	扉枠—5（常時開放型防火扉90°開き）	72
—6	扉枠—6（常時開放型防火扉180°開き）	73
—7	扉枠—7（防音扉）	74
—8	くつずり	75
—9	シャッター—1（防火・防煙シャッター）	76
—10	シャッター—2（防火・防煙シャッター）	77

106　外部開口　　　79

—1	アルミサッシ—1（外壁／コンクリート化粧打放し）	80
—2	アルミサッシ—2（外壁／タイル張り）	81
—3	アルミサッシ—3（サッシ面と外壁タイル面が同一の場合）	82
—4	アルミサッシ—4（ガラリ）	83
—5	鋼製ドア—1　84	
—6	鋼製ドア—2　85	
—7	鋼製ドア—3　86	

107　階　段　　　87

—1	内部階段—1（鉄筋コンクリート造）	88
—2	内部階段—2（鉄筋コンクリート造）	89
—3	内部階段—3（鉄骨造）	90
—4	外部階段—1（鉄筋コンクリート造）	91
—5	外部階段—2（鉄骨造）	92
—6	チェックポイント—1	93
—7	チェックポイント—2	94

108　便　所　　　95

—1	基本寸法—1（壁付器具）	96
—2	基本寸法—2（トイレブース）	97
—3	便所手すり—1（車椅子使用者用・立位者用）	98
—4	便所手すり—2（多目的）	99
—5	トイレブース—1（既製品）	100
—6	トイレブース—2（メラミン複合積層タイプ）	101
—7	ライニング　102	
—8	手洗器　103	
—9	チェックポイント　104	

109　湯沸室・厨房・シャワー室 …… 105
- ―1　流し台・吊り戸棚　　　　　106
- ―2　グリーストラップ（2槽式耐火型）　107
- ―3　ユニットシャワー　　　　　108

110　和　室 …… 109
- ―1　キープラン　　　　　　　　110
- ―2　上がりがまち　　　　　　　111
- ―3　出入口―1（引違い戸）　　112
- ―4　出入口―2（片引き戸）　　113
- ―5　押入―1（平面）　　　　　114
- ―6　押入―2（引違い戸）　　　115
- ―7　押入―3（開き戸）　　　　116
- ―8　床の間　　　　　　　　　　117
- ―9　障子　　　　　　　　　　　118

111　内部雑 …… 119
- ―1　ブラインドボックス・カーテンボックス―1（アルミ製）　120
- ―2　ブラインドボックス・カーテンボックス―2（木製・鋼製）　121
- ―3　隔板　　　　　　　　　　　122
- ―4　防煙垂れ壁―1（固定式・可動式）　123
- ―5　防煙垂れ壁―2（ロール式）　124
- ―6　配線ピット・タラップ　　　125

112　外部雑・外構 …… 127
- ―1　キープラン　　　　　　　　128
- ―2　靴ふきマット　　　　　　　129
- ―3　バルコニー避難ハッチ　　　130
- ―4　門扉　　　　　　　　　　　131
- ―5　塀　　　　　　　　　　　　132
- ―6　擁壁　　　　　　　　　　　133
- ―7　舗装―1　　　　　　　　　134
- ―8　舗装―2　　　　　　　　　135
- ―9　U形側溝・L形側溝・車止め・車用ストッパー　136

附　表 …… 137
- ―1　主要材料の性質　　　　　　138
- ―2　降水量と樋　　　　　　　　139
- ―3　シーリング材　　　　　　　140
- ―4　防煙垂れ壁　　　　　　　　142
- ―5　塗装―1　　　　　　　　　143
- ―6　塗装―2　　　　　　　　　144
- ―7　塗装―3　　　　　　　　　145
- ―8　規格部材表―1　　　　　　146
- ―9　規格部材表―2　　　　　　147

本書の利用に当たって

　本書の編集方針は次のとおりですので，御一読のうえ御利用下さい。
1. 想定した建物は，鉄筋コンクリート造および鉄骨鉄筋コンクリート造の一般事務所ビルとしています。
2. 全体の構成は，詳細図と附表とに大きく分け，それぞれ次のような内容としています。
    1）詳細図
    ①室別
    　　一般の事務所ビルに共通してあると思われる部屋について，一般的な材料を用いた基本的な納め方を示しています。
    ②エレメント別
    　　壁・天井下地，外壁，屋上，内・外開口部など，建物を構成するエレメントごとに，さまざまな工法を示しています。
    2）附表
    　　よく使われる材料について，その寸法や性能を示したほか，降水量と樋との関係なども掲載しています。
3. 各シートは，できる限り一話完結型としています。したがって，他ページと重複する事項でも，繰り返して示してあります。
4. 設計上および施工上の留意点を「注」として示すとともに，仕様書的内容を「摘要欄」に示しています。
5. 縮尺はできる限り大きくし，細部まで読み取れるようにしています。
6. 室別の章で，床・幅木・壁・回り縁・天井に用いた材料や工法は，その部屋で使われる最も一般的なものに留めています。したがって，実際の使用に当たっては，他のページに掲載したものと組み合わせて使うことも可能です。この場合は，そのディテールの示す基本原理を理解したうえで応用してください。

室別

101	**室 別**	
—1	玄関ホール・風除室—1（内壁空積工法）	8
—2	玄関ホール・風除室—2（内壁空積工法）	9
—3	玄関ホール・風除室—3（壁／乾式工法）	10
—4	玄関ホール・風除室—4（壁／乾式工法）	11
—5	玄関ホール・風除室—5	12
—6	玄関ホール・風除室—6	13
—7	事務室・廊下—1	14
—8	事務室・廊下—2（システム天井・OAフロア）	15
—9	事務室・廊下—3	16
—10	OAルーム・事務室（サーバールーム・電算室）	17
—11	会議室・応接室—1（壁／コンクリート下地）	18
—12	会議室・応接室—2（壁／鋼製壁下地）	19
—13	便所・湯沸室—1（壁／コンクリート下地）	20
—14	便所・湯沸室—2（壁／せっこうボード直張り下地）	21
—15	便所・湯沸室—3（壁／鋼製壁下地）	22
—16	休憩室・和室—1（壁／断熱壁下地）	23
—17	休憩室・和室—2（壁／鋼製壁下地）	24
—18	機械室—1（地下階）	25
—19	機械室—2（地上階）	26
—20	厨房	27

- 室　別
- 壁天井下地
- 外　壁
- 屋　上
- 内部開口
- 外部開口
- 階　段
- 便　所
- 湯沸室・厨房・シャワー室
- 和　室
- 内部雑
- 外部雑・外構
- 附　表

玄関ホール・風除室 — 1（内壁空積工法） 101-1 室 別

縮尺＝1/2

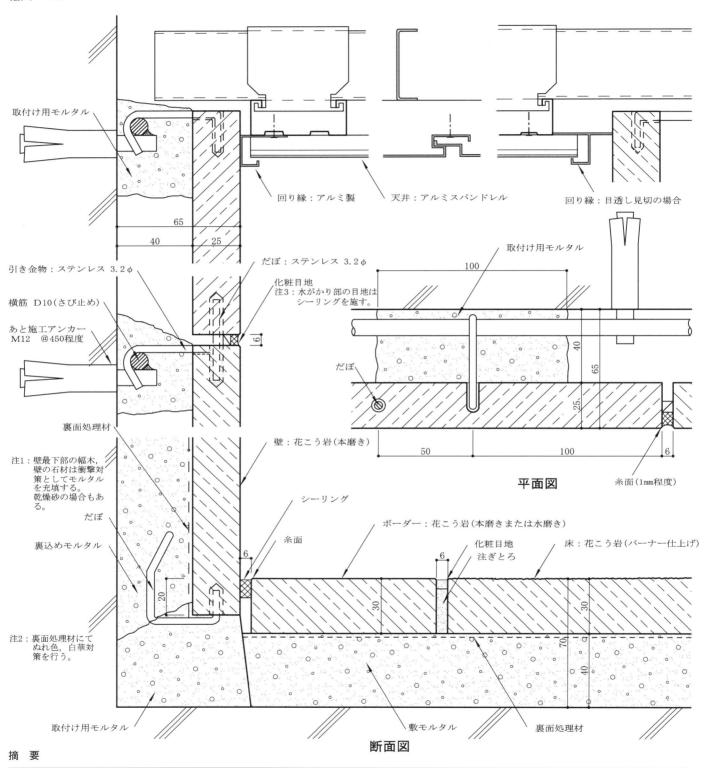

平面図

断面図

摘要			
天井	材料の形状・寸法		アルミ押出成形加工，長尺物
	材料の厚さ		メーカーおよび形状によって各種寸法がある。面幅 100・120・150 mm が一般的。
	工法		目地部にて野縁に隠しビス留めとする。
壁	表面仕上げと石厚		小たたき・びしゃん仕上げ……40 mm，バーナー仕上げ……30 mm，粗磨き・水磨き・本磨き……25 mm
	材寸法		800×600 mm 程度，0.8 m² 以下，石種により材料寸法の確認が必要。
	工法		躯体に打ち込んだあと施工アンカーに横筋を溶接し，板石を引き金物で緊結する。金物を被覆するように取付け用モルタルを施し，下段の板石との間には，横目地の幅と同厚のプラスチック製などのスペーサーを挟み込む。必要に応じて裏面処理を施す。
床	表面仕上げと石厚		小たたき・びしゃん仕上げ……35 mm，バーナー仕上げ……30 mm，粗磨き・水磨き・本磨き……30 mm
	材寸法		800×600 mm 程度，0.8 m² 以下，石種により材料寸法の確認が必要。
	工法		敷石は，敷モルタルを敷きならし，その上に張付け用ペーストを用いて据え付ける。必要に応じて裏面処理を施す。
	目地		目地用セメントモルタル，シーリング

玄関ホール・風除室―2（内壁空積工法） 101-2 室 別

縮尺＝1/2

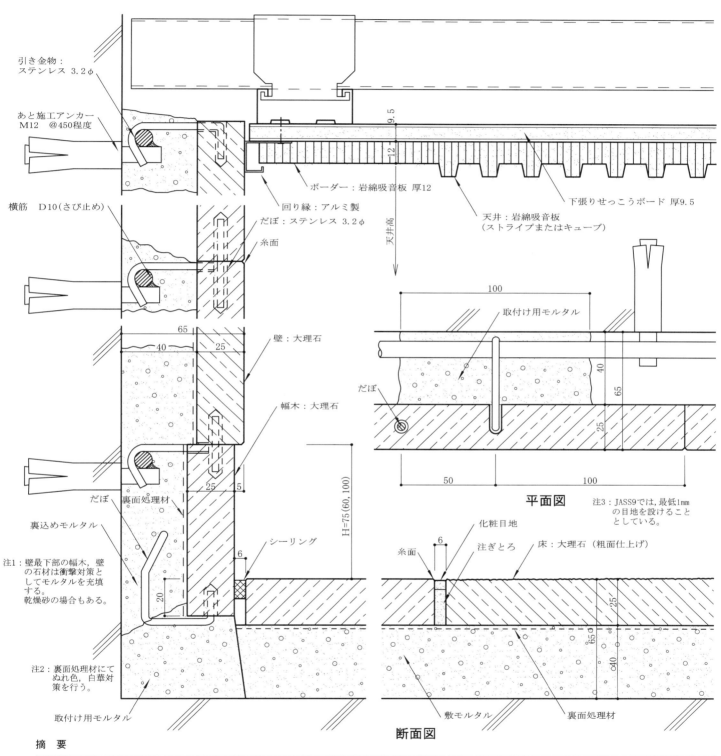

摘要		
天井	材寸法	300×600 mm×厚さ 9・12・15・19 mm（キューブは厚さ 15・19・24 mm）
	工法	岩綿吸音板を下張りせっこうボード面に張る場合は，接着剤を主とし，タッカーによるステープルを併用して張り付ける。
壁	表面仕上げと石厚	水磨き・本磨き……25 mm
	材寸法	800×600 mm 程度．0.8 m² 以下，石種により材料寸法の確認が必要。
	工法	躯体に打ち込んだあと施工アンカーに横筋を溶接し，板石を引き金物で緊結する。金物を被覆するように取付け用モルタルを施す。
	表面処理材	アクリル共重合樹脂エマルション
幅木	表面仕上げと石厚	壁と同じ
	工法	板石の上端を金物で下地に緊結し，幅木の高さまで裏込めモルタルを施す。
床	表面仕上げと石厚	粗面仕上げ……25 mm
	材寸法	800×600 mm 程度．0.8 m² 以下，石種により材料寸法の確認が必要。
	工法	敷石は，敷モルタルを敷きならし，その上に張付け用ペーストを用いて据え付ける。
	目地	目地用セメントモルタル，シーリング

玄関ホール・風除室―3（壁／乾式工法） 　　101-3 室　別

縮尺＝1/2

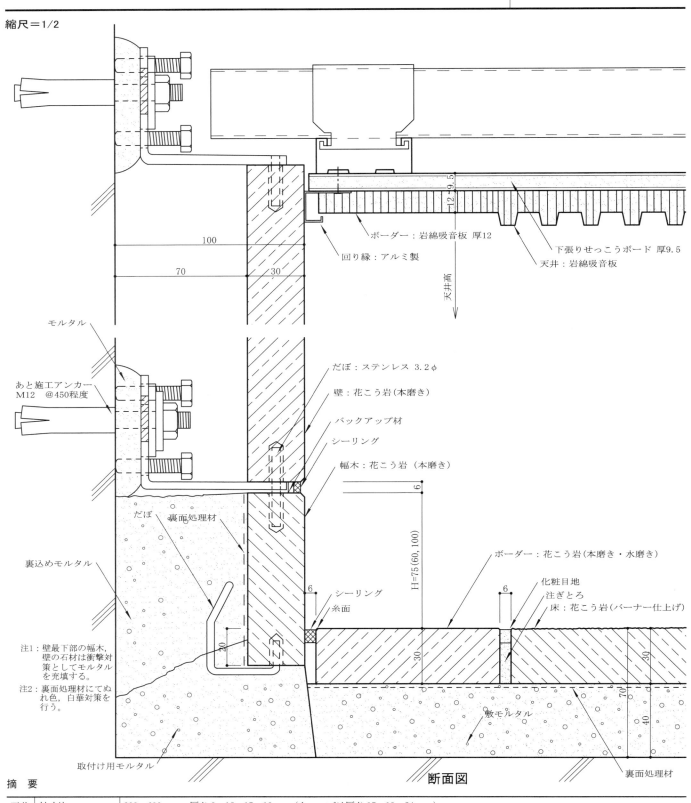

断面図

摘　要		
天井	材寸法	300×600 mm×厚さ 9・12・15・19 mm（キューブは厚さ 15・19・24 mm）
	工法	岩綿吸音板を下張りせっこうボード面に張る場合は，接着剤を主とし，タッカーによるステープルを併用して張り付ける。
壁	表面仕上げと石厚	小たたき・びしゃん仕上げ……40 mm，バーナー仕上げ……30 mm，粗磨き・水磨き・本磨き……30 mm
	材寸法	800×600 mm 程度，0.8 m² 以下，石種により材料寸法の確認が必要。
	工法	目地割りに合わせて躯体に打込んだあと施工アンカーに，受け金物を調整ボルトで出入り調整しながら取り付ける。固定だぼはエポキシ樹脂で固定する。
幅木	表面仕上げと石厚	壁と同じ
床	表面仕上げと石厚	小たたき・びしゃん仕上げ……35 mm，バーナー仕上げ……30 mm，粗磨き・水磨き・本磨き……30 mm
	材寸法	800×600 mm 程度，0.8 m² 以下，石種により材料寸法の確認が必要。
	工法	敷石は，敷モルタルを敷きならし，その上に張付け用ペーストを用いて据え付ける。
	目地	目地用セメントモルタル，シーリング

玄関ホール・風除室―4（壁／乾式工法） 101-4 室 別

縮尺＝1/2

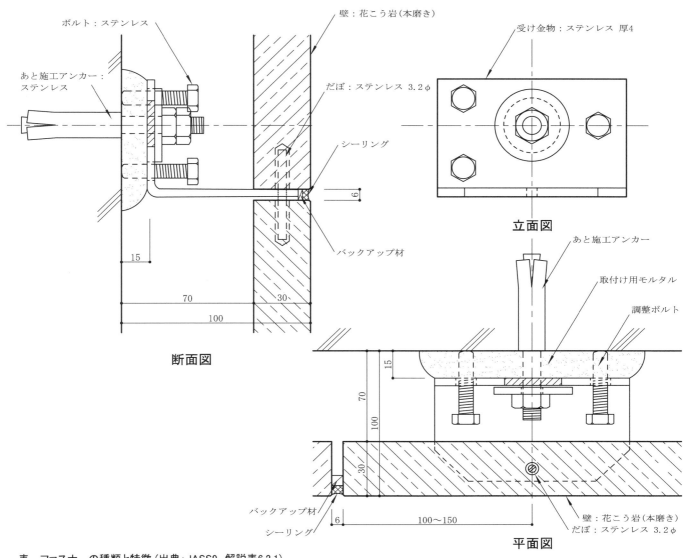

断面図　立面図　平面図

表－ファスナーの種類と特徴（出典：JASS9 解説表6.2.1）

タイプ		A	B	C	D
姿図					
取付け代目安		石材の厚さ+70mm			
コスト		安	中	中	高
構成	調整ボルト	なし		あり（3本）	
	ファスナー	ダブル（注）		シングル	
	だぼ	通しだぼ	上下別だぼ	通しだぼ	上下別だぼ
変位追従性		二次ファスナーの上下方向の変形とだぼ取付け材料の変形による	二次ファスナーのだぼ孔を面内方向のルーズホールとする	ファスナーの上下方向の変形とだぼ取付け材料の変形による	ファスナーのだぼ孔を面内方向のルーズホールとする
層間変位目安		≦ 1/200	≦ 1/150	≦ 1/300	≦ 1/150
躯体精度目安		±10mm以内			

注：ダブルファスナー（A,Bタイプ）に出入り調整ボルトを付ける場合もある。

玄関ホール・風除室―5　　101-5 室　別

縮尺＝1/2

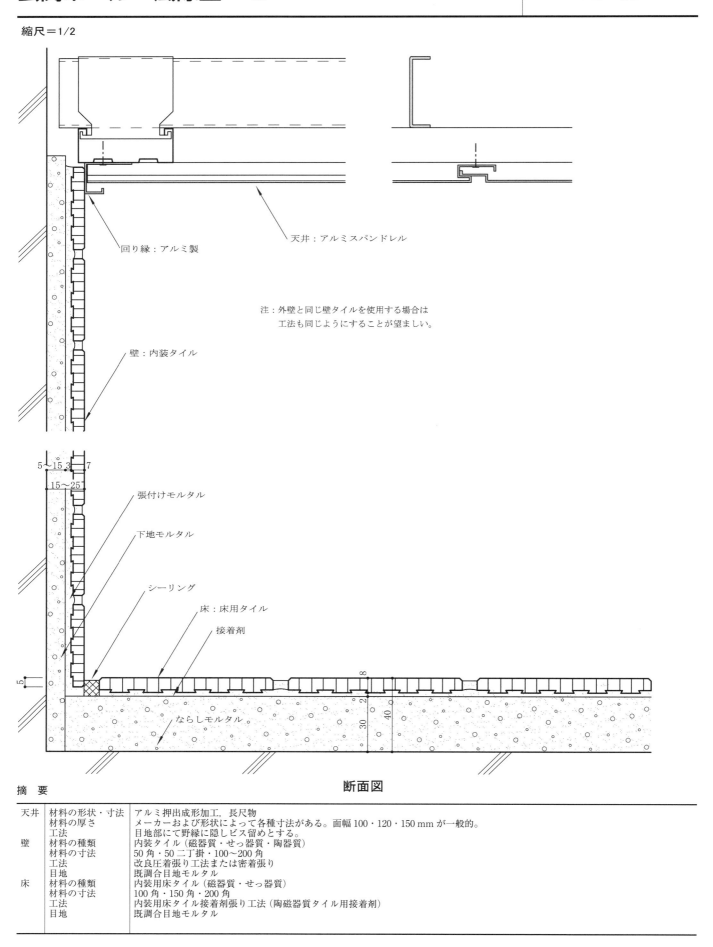

断面図

摘要		
天井	材料の形状・寸法	アルミ押出成形加工，長尺物
	材料の厚さ	メーカーおよび形状によって各種寸法がある。面幅100・120・150 mm が一般的。
	工法	目地部にて野縁に隠しビス留めとする。
壁	材料の種類	内装タイル（磁器質・せっ器質・陶器質）
	材料の寸法	50角・50二丁掛・100～200角
	工法	改良圧着張り工法または密着張り
	目地	既調合目地モルタル
床	材料の種類	内装用床タイル（磁器質・せっ器質）
	材料の寸法	100角・150角・200角
	工法	内装用床タイル接着剤張り工法（陶磁器質タイル用接着剤）
	目地	既調合目地モルタル

玄関ホール・風除室—6

101-6 室 別

縮尺＝1/2

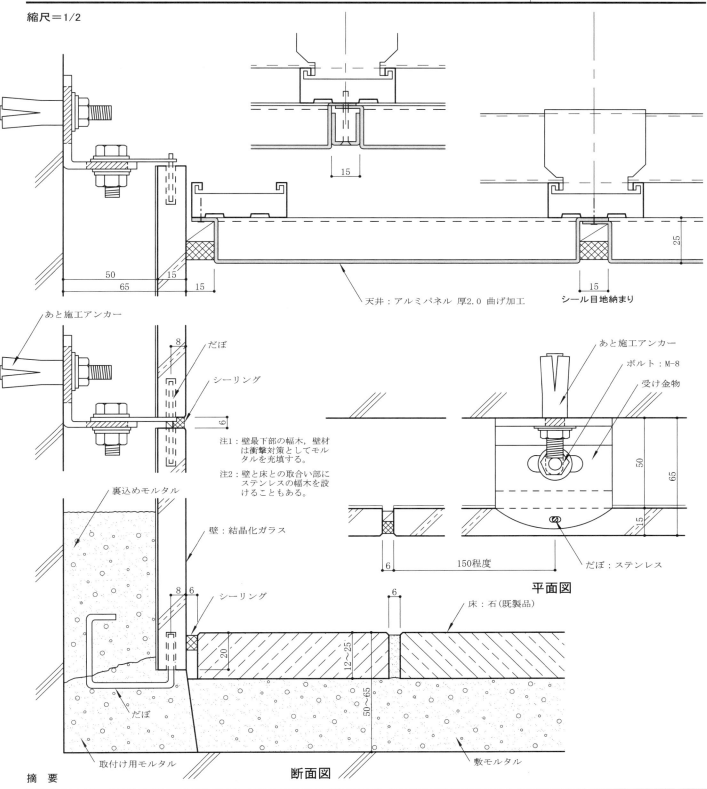

摘要		
天井	材料の厚さ	メーカーおよび材質によって各種寸法がある。
	工法	メーカーによって各種工法がある。
壁	材料の寸法	15×900×900 mm・1,200・1,600・1,800 mm（1,800 mm は最大寸法）。他に曲面，L型，R型の規格寸法がある。製品精度上そりが出るため，1,200 mm 以下が望ましい。
	工法	一般の石材の施工法に準ずる。 穴あけ，切欠きなどの加工はすべて工場で行う。
床	材寸法	メーカーおよび材質によって各種寸法がある。（13×300×300 mm・13×400×400 mm・13×600×600 mm など）
	工法	一般の石材の施工法に準ずる。

事務室・廊下—1　　101-7 室　別

縮尺＝1/2

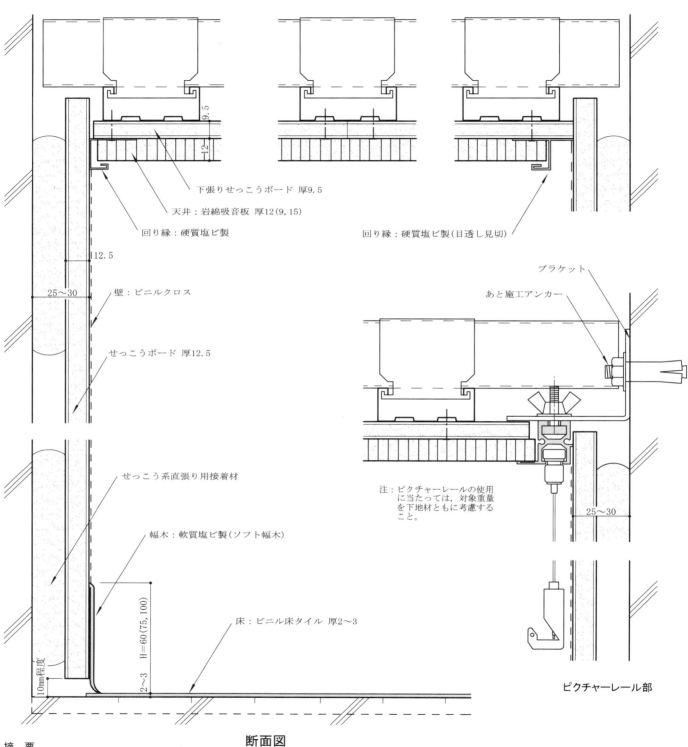

断面図

摘要		
天井	材寸法	300×600 mm
	工法	下張りせっこうボードは，野縁にドリリングタッピンねじで留め付け，ねじの頭はボード面より沈め気味に打つ。 ドリリングタッピンねじの間隔……端部から10 mm内外離し，周辺部150 mm以下，中間部200 mm以下。 岩綿吸音板を下張りせっこうボード面に張る場合は，接着剤を主とし，タッカーによるステープルを併用して張り付ける。
壁	工法	乾燥したRC下地（含水率8%以下またはコンクリート打設後28日以上）にせっこう系直張り用接着材にてせっこうボードを直張りし，ボード接合部およびコーナー部を処理する。さらに，この接着材が十分乾燥したことを確認の後（通気性のあるところで7日以上，それ以外は20日以上），壁紙施工用でん粉系接着剤にてビニルクロスを張る。 せっこう系直張り用接着材の間隔……周辺部150〜200 mm，中間部200〜300 mm（床上から1,200 mmまで200〜250 mm，1,200 mmより上部は250〜300 mm）
幅木	接着剤	ビニル床タイル・ビニル床シート用接着剤（酢酸ビニル樹脂系，ビニル共重合樹脂系等） 張付け後に湿気および水の影響を受けやすい箇所は，エポキシ樹脂系またはウレタン樹脂系を使用する。
床	接着剤	張付け後に湿気および水の影響を受けやすい箇所は，エポキシ樹脂系またはウレタン樹脂系を使用する。

事務室・廊下―2（システム天井・OAフロア） 101-8室 別

縮尺＝1/2

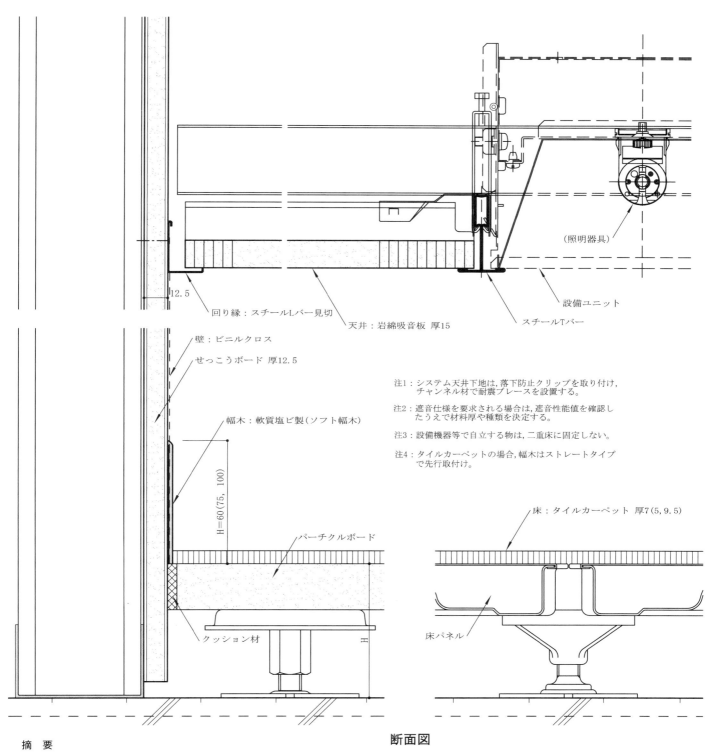

断面図

摘要		
天井	材寸法	メーカーによって各種寸法がある（15×300×1,800 mm・15×375×1,800 mm・15×400×1,800 mm などで、1,800 mm は最大寸法）。
	工法	メーカーによって各種工法がある。
壁	材寸法	910×1,820 mm・910×2,420 mm・910×2,730 mm
	工法	せっこうボードは、鋼製下地にドリリングタッピングねじで留め付け、ねじの頭はボード面より沈め気味に打つ。 ドリリングタッピングねじの間隔……端部から10 mm 内外離し、周辺部200 mm 以下、中間部300 mm 以下 ボード接合部およびコーナー部を処理し、壁紙施工用でん粉系接着剤にてビニルクロスを張る。
幅木	接着剤	ビニル床タイル・ビニル床シート用接着剤（酢酸ビニル樹脂系、ビニル共重合樹脂系等）
床	材料	タイルカーペット……500×500 mm（指定品）。OAフロア……メーカーにより各種ある。
	工法	メーカーによって各種工法がある。 OAフロア……床荷重の確認、3,000〜5,000N/m²

事務室・廊下―3　101-9室 別

縮尺＝1/2

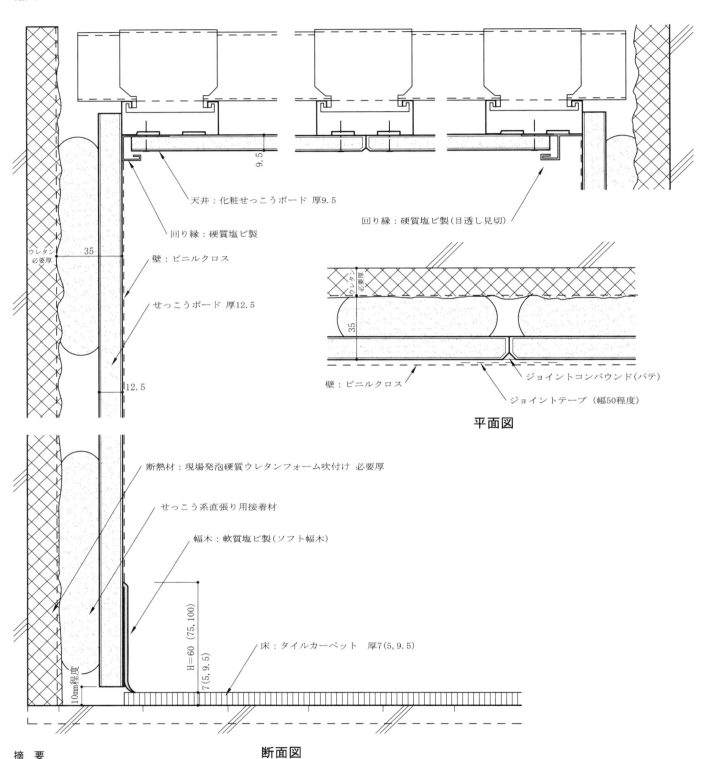

断面図

摘要		
天井	材寸法	455×910 mm
	工法	化粧せっこうボードは，野縁にドリリングタッピングねじで留め付け，ねじの頭はボード面より沈め気味に打つ。 ドリリングタッピングねじの間隔……端部から10 mm内外離し，周辺部100 mm以下，中間部150 mm以下
壁	工法	断熱材に専用プライマー処理した後に，せっこう系直張り用接着材にて直張りする。ボード接合部およびコーナー部を処理し，この接着材が十分乾燥したことを確認の後（通気性のあるところで7日以上，それ以外は20日以上），壁紙施工用でん粉系接着剤にてビニルクロスを張る。 せっこう系直張り用接着材の間隔……周辺部150～200 mm，中間部200～300 mm（床上から1,200 mmまで200～250 mm，1,200 mmより上部は250～300 mm）
幅木	接着剤	ビニル床タイル・ビニル床シート用接着剤（酢酸ビニル樹脂系，ビニル共重合樹脂系等）
床	材料	タイルカーペット（指定品）
	接着剤	粘着剥離型接着剤を使用し，市松張りを原則とする。

OA ルーム・事務室（サーバールーム・電算室） 101-10 室 別

縮尺＝1/2

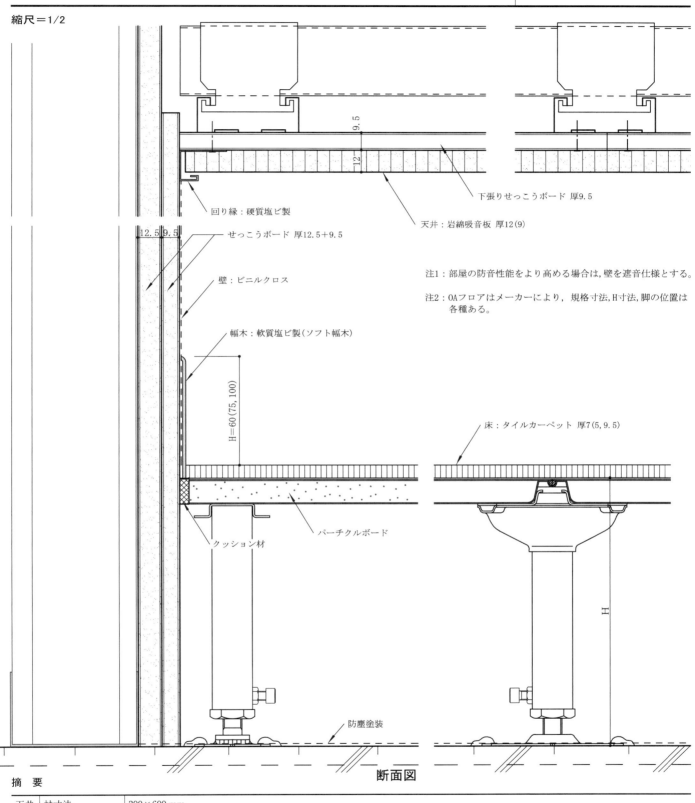

断面図

注1：部屋の防音性能をより高める場合は，壁を遮音仕様とする。

注2：OAフロアはメーカーにより，規格寸法，H寸法，脚の位置は各種ある。

摘要		
天井	材寸法	300×600 mm
	工法	岩綿吸音板を下張りせっこうボード面に張る場合は，接着剤を主とし，タッカーによるステープルを併用して張り付ける。
壁	材寸法	910×1,820 mm・910×2,420 mm・910×2,730 mm
	工法	下張りせっこうボードは，鋼製下地にせっこうボード用釘またはドリリングタッピングねじで，ねじの頭はボード面より沈め気味に打つ。留付け間隔……端部から 10 mm 内外離し，周辺部 200 mm 以下，中間部 300 mm 以下 上張りせっこうボードは，接着剤を併用してステープルを用い，上張りと下張りのジョイントが同位置にならないよう，縦・横 200～300 mm の間隔で留め付ける。
	接着剤	せっこうボード二重張り用……酢酸ビニル樹脂系エマルション系，溶剤系 ビニルクロス……壁紙施工用でん粉系接着剤
幅木	接着剤	酢酸ビニル樹脂系，ビニル共重合樹脂系等
床	材寸法	タイルカーペット……500×500 mm（指定品）。OA フロア……メーカーにより各種ある。
	接着剤	幅木と同じ。

会議室・応接室—1（壁／コンクリート下地） 101-11 室 別

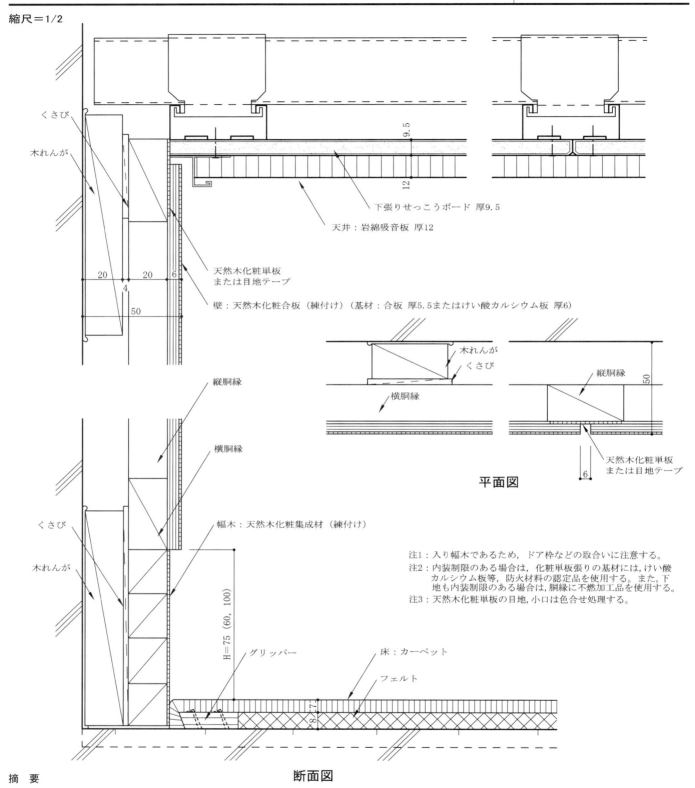

摘要		
天井	材寸法	300×600 mm
	工法	せっこうボードは，鋼製下地にドリリングタッピングねじで留め付け，ねじの頭はボード面より沈め気味に打つ。 ドリリングタッピングねじの間隔……端部から10 mm内外離し，周辺部150 mm以下，中間部200 mm以下 岩綿吸音板を下張りせっこうボード面に張る場合は，接着剤を主とし，タッカーによるステープルを併用して張り付ける。
壁	工法	木れんがは900 mm間隔程度に，木れんが接着剤でコンクリートに接着する。さらに，くさびによって胴縁の上下左右の不陸調整を行い，天然木化粧合板をユリア樹脂木材接着剤，フェノール樹脂木材接着剤または酢酸ビニル樹脂エマルション接着剤で接着する。 木れんが……20×40×120 mm程度。胴縁……20×40 mm，間隔450 mm程度。
幅木	仕上げ	透明塗装（ウレタンワニス，フタル酸ワニス，クリアラッカー等） 下地材料，工法，仕上げとも壁と同じ。
床	材料	カーペット……指定品，フェルト……混紡フェルト
	工法	張付け面の端部にグリッパーを接着し，カーペットをグリッパーのピンに引っ掛けて固定する。

会議室・応接室—2（壁／鋼製壁下地） 101-12 室 別

縮尺＝1/2

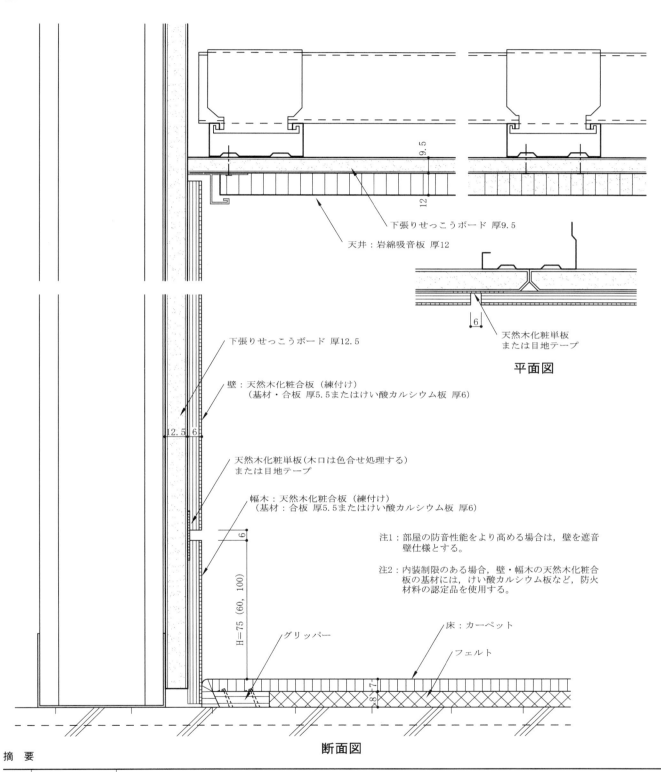

平面図

下張りせっこうボード 厚9.5
天井：岩綿吸音板 厚12
天然木化粧単板または目地テープ

下張りせっこうボード 厚12.5
壁：天然木化粧合板（練付け）
（基材・合板 厚5.5またはけい酸カルシウム板 厚6）

天然木化粧単板（木口は色合せ処理する）
または目地テープ

幅木：天然木化粧合板（練付け）
（基材：合板 厚5.5またはけい酸カルシウム板 厚6）

注1：部屋の防音性能をより高める場合は，壁を遮音壁仕様とする。
注2：内装制限のある場合，壁・幅木の天然木化粧合板の基材には，けい酸カルシウム板など，防火材料の認定品を使用する。

床：カーペット
フェルト
グリッパー

断面図

摘要		
天井	材寸法	300×600 mm
	工法	せっこうボードは，野縁にドリリングタッピングねじで留め付け，ねじの頭はボード面より沈め気味に打つ。 ドリリングタッピングねじの間隔……端部から10 mm 内外離し，周辺部150 mm 以下，中間部200 mm 以下 岩綿吸音板を下張りせっこうボード面に張る場合は，接着剤を主とし，タッカーによるステープルを併用して張り付ける。
壁	工法	せっこうボードは，鋼製下地にドリリングタッピングねじで留め付け，ねじの頭はボード面より沈め気味に打つ。 ドリリングタッピングねじの間隔……端部から10 mm 内外離し，周辺部200 mm 以下，中間部300 mm 以下 天然木化粧合板は，接着剤で下張りせっこうボードに張り付け，接着剤が固まるまで釘で仮留めする。ジョイント部が下張りのジョイント部と同位置にならないよう留め付ける。
幅木	仕上げ	透明塗装（ウレタンワニス，フタル酸ワニス，クリアラッカー等）
		工法・仕上げとも壁と同じ。
床	材料	カーペット……指定品，フェルト……混紡フェルト
	工法	張付け面の端部にグリッパーを接着し，カーペットをグリッパーのピンに引っ掛けて固定する。

便所・湯沸室—1（壁／コンクリート下地） 　101-13 室　別

縮尺＝1/2

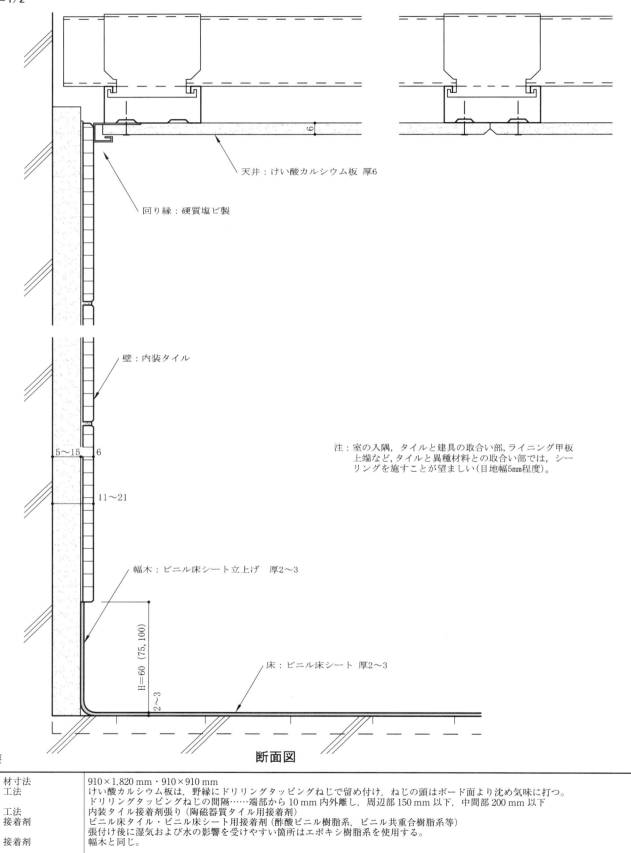

断面図

摘　要		
天井	材寸法	910×1,820 mm・910×910 mm
	工法	けい酸カルシウム板は，野縁にドリリングタッピングねじで留め付け，ねじの頭はボード面より沈め気味に打つ。ドリリングタッピングねじの間隔……端部から10 mm内外離し，周辺部150 mm以下，中間部200 mm以下
壁	工法	内装タイル接着剤張り（陶磁器質タイル用接着剤）
幅木	接着剤	ビニル床タイル・ビニル床シート用接着剤（酢酸ビニル樹脂系，ビニル共重合樹脂系等）張付け後に湿気および水の影響を受けやすい箇所はエポキシ樹脂系を使用する。
床	接着剤	幅木と同じ。

便所・湯沸室―2（壁／せっこうボード直張り下地） 101-14 室 別

縮尺＝1/2

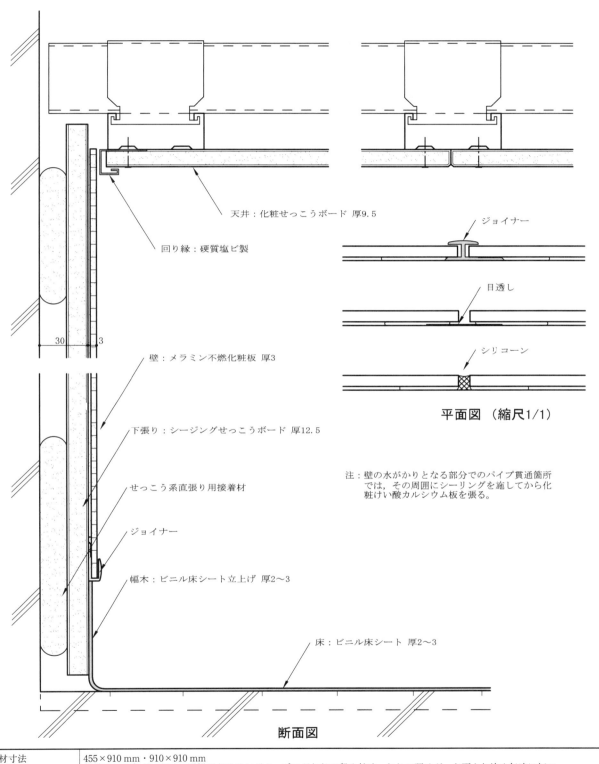

平面図（縮尺1/1）

断面図

注：壁の水がかりとなる部分でのパイプ貫通箇所では，その周囲にシーリングを施してから化粧けい酸カルシウム板を張る。

摘要			
天井	材寸法 工法		455×910 mm・910×910 mm 化粧せっこうボードは，野縁にドリリングタッピングねじで留め付け，ねじの頭はボード面より沈め気味に打つ。 ドリリングタッピングねじの間隔……端部から10 mm内外離し，周辺部150 mm以下，中間部200 mm以下
壁	工法		乾燥したRC下地（含水率8％以下またはコンクリート打設後28日以上）にせっこう系直張り用接着材にてせっこうボードを直張りし，ボード接合部およびコーナー部を処理する。さらに，この接着材が十分乾燥したことを確認の後（通気性のあるところで7日以上，それ以外は20日以上），化粧けい酸カルシウム板を張る。 せっこう系直張り用接着材の間隔……周辺部150～200 mm，中間部200～300 mm（床上から1,200 mmまで200～250 mm，1,200 mmより上部は250～300 mm）
幅木	接着剤		ビニル床タイル・ビニル床シート用接着剤（酢酸ビニル樹脂系，ビニル共重合樹脂系等） 張付け後に湿気および水の影響を受けやすい箇所はエポキシ樹脂系を使用する。
床	接着剤		幅木と同じ。

便所・湯沸室—3（壁／鋼製壁下地） 101-15 室 別

縮尺＝1/2

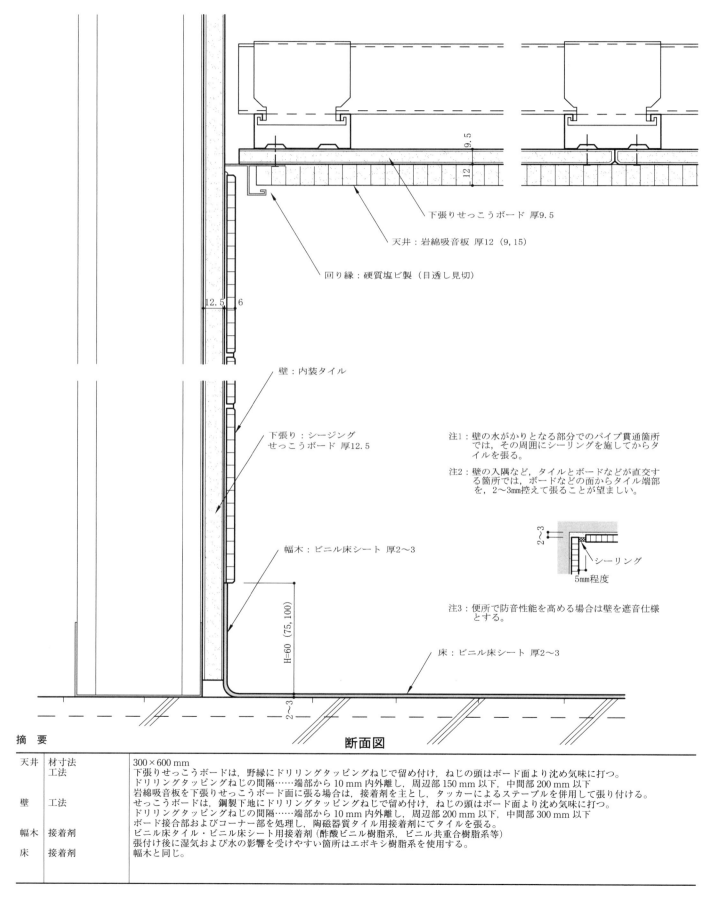

断面図

摘要		
天井	材寸法	300×600 mm
	工法	下張りせっこうボードは，野縁にドリリングタッピングねじで留め付け，ねじの頭はボード面より沈め気味に打つ。 ドリリングタッピングねじの間隔……端部から10 mm内外離し，周辺部150 mm以下，中間部200 mm以下 岩綿吸音板を下張りせっこうボード面に張る場合は，接着剤を主とし，タッカーによるステープルを併用して張り付ける。
壁	工法	せっこうボードは，鋼製下地にドリリングタッピングねじで留め付け，ねじの頭はボード面より沈め気味に打つ。 ドリリングタッピングねじの間隔……端部から10 mm内外離し，周辺部200 mm以下，中間部300 mm以下 ボード接合部およびコーナー部を処理し，陶磁器質タイル用接着剤にてタイルを張る。
幅木	接着剤	ビニル床タイル・ビニル床シート用接着剤（酢酸ビニル樹脂系，ビニル共重合樹脂系等） 張付け後に湿気および水の影響を受けやすい箇所はエポキシ樹脂系を使用する。
床	接着剤	幅木と同じ。

休憩室・和室 — 1（壁／断熱壁下地） 　　101-16 室 別

縮尺＝1/2

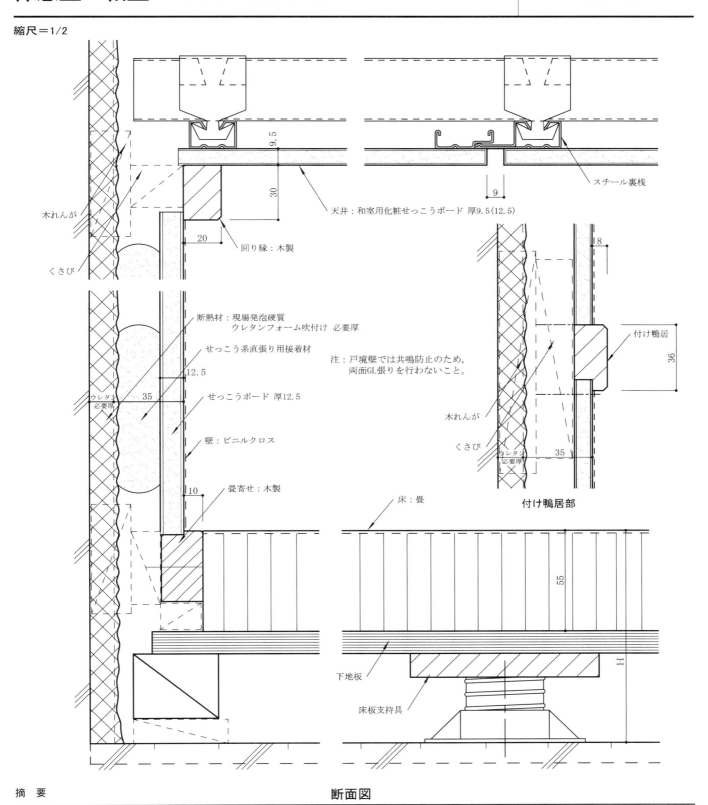

断面図

摘要		
天井	材寸法	440×2,730 mm・440×3,640 mm
	工法	メーカーによって異なる。
壁	材寸法	910×1,820 mm・910×2,420 mm・910×2,730 mm
	工法	断熱材に専用プライマー処理した後に，せっこう系直張り用接着材にて直張りする。ボード接合部およびコーナー部を処理し，この接着材が十分乾燥したことを確認の後（通気性のあるところで7日以上，それ以外は20日以上），壁紙施工用でん粉系接着剤にてビニルクロスを張る。 せっこう系直張り用接着材の間隔……周辺部 150〜200 mm，中間部 200〜300 mm（床上から 1,200 mm まで 200〜250 mm，1,200 mm より上部は 250〜300 mm）
幅木	工法	畳寄せは釘と接着剤を併用して木造下地に留め付ける。
床	材料	畳の種類には，稲わら畳床，ポリスチレンフォームサンドイッチ畳床，建材畳床がある。
	材寸法	畳の厚さ……15〜55 mm
	工法	メーカーによって異なる。

休憩室・和室―2（壁／鋼製壁下地） 101-17 室 別

縮尺＝1/2

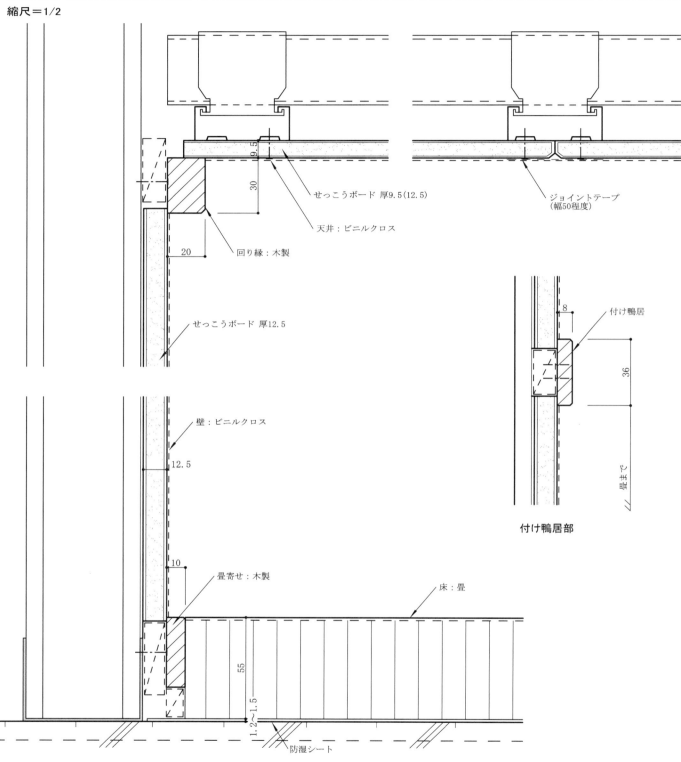

断面図

付け鴨居部

摘要		
天井	材寸法	910×1,820 mm
	工法	せっこうボードは，鋼製下地にドリリングタッピングねじで留め付け，ねじの頭はボード面より沈め気味に打つ。ドリリングタッピングねじの間隔……端部から10 mm 内外離し，周辺部150 mm 以下，中間部200 mm 以下 ボード接合部およびコーナー部を処理し，壁紙施工用でん粉系接着剤にてビニルクロスを張る。
壁	材寸法	910×1,820 mm・910×2,420 mm・910×2,730 mm
	工法	せっこうボードは，鋼製下地にドリリングタッピングねじで留め付け，ねじの頭はボード面より沈め気味に打つ。ドリリングタッピングねじの間隔……端部から10 mm 内外離し，周辺部200 mm 以下，中間部300 mm 以下 ボード接合部およびコーナー部を処理し，壁紙施工用でん粉系接着剤にてビニルクロスを張る。
幅木	工法	畳寄せは釘と接着剤を併用して木造下地に留め付ける。
床	材料	畳の種類には，稲わら畳床，ポリスチレンフォームサンドイッチ畳床，建材畳床がある。
	材寸法	畳の厚さ……15～55 mm
	下地材料	防湿シート（発泡プラスチックシート）厚1.2～1.5 mm

機械室—1（地下階） 101-18 室 別

縮尺＝1/10

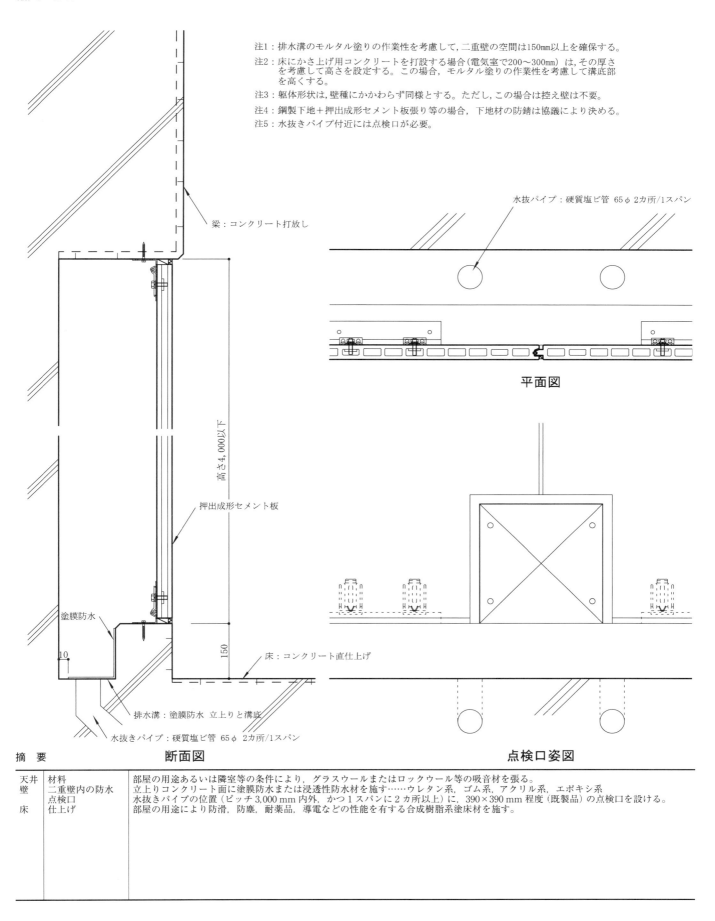

機械室—2（地上階）　101-19 室　別

縮尺＝1/2

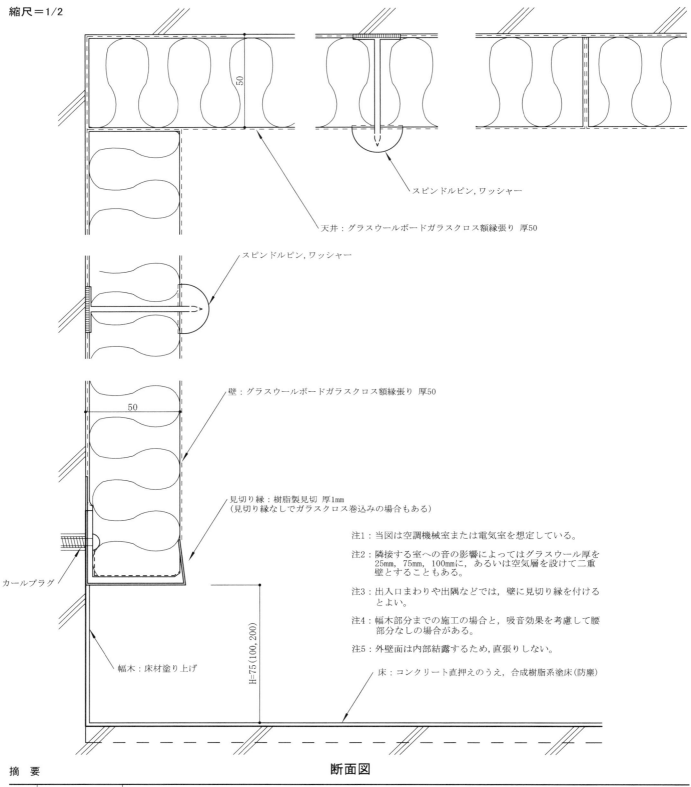

断面図

摘　要		
天井	材寸法	605×910 mm・910×1,820 mm
	密度	24 kg/m³・32 kg/m³ 他
	工法	下地面の障害となるものをあらかじめ取り除き，スピンドルピンを接着剤で留め，完全硬化後に裏面（全面）にスプレー接着剤を施したグラスウールボードを押し当て，ワッシャーで留める。 スピンドルピンの留付け間隔……端部から 150 mm 内外，外周部・中間部とも 300 mm 内外。
	接着剤	ピン用……エポキシ樹脂系，グラスウール用……合成ゴム系，酢酸ビニル樹脂系
壁	材寸法他	天井と同じ。
床	材料	防塵性合成樹脂塗床材……エポキシ樹脂系，ポリウレタン樹脂系，アクリル樹脂系
	工法	流し延べ仕上げ（ペースト工法）……塗厚 1.5〜3 mm　※すべり止め仕上げをしたものをノンスリップ工法という。 こて塗り仕上げ（モルタル工法）……塗厚 3〜5 mm

厨 房

101-20 室 別

縮尺＝1/2

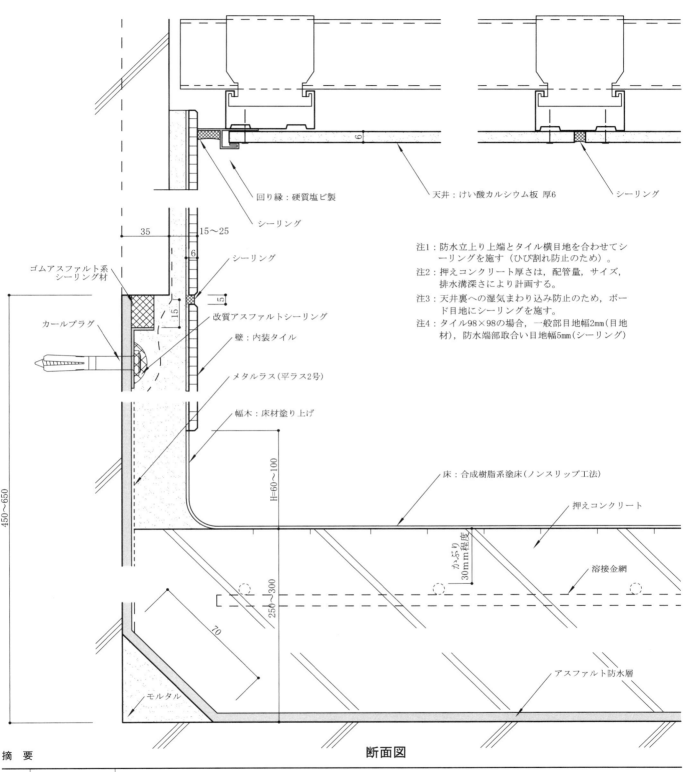

断面図

摘要		
天井	材寸法	910×1,820 mm・910×910 mm
	工法	けい酸カルシウム板は，野縁にドリリングタッピングねじで留め付け，ねじの頭はボード面より沈め気味に打つ。ドリリングタッピングねじの間隔……端部から10 mm程度離し，周辺部150 mm以下，中間部200 mm以下
壁	工法	内装タイル接着剤張り（陶磁器質タイル用接着剤）
幅木	材料	ポリウレタン系塗床材，エポキシ樹脂系塗床材，不飽和ポリエステル樹脂系塗床材
床	材料	幅木と同じ。

壁天井下地

102	壁天井下地	
—1	鋼製壁下地—1	30
—2	鋼製壁下地—2	31
—3	鋼製壁下地—3	32
—4	鋼製天井下地—1	33
—5	鋼製天井下地—2	34
—6	鋼製天井下地—3（下り天井／野縁が下り天井に平行な場合）	35
—7	鋼製天井下地—4（下り天井／野縁が下り天井に直角な場合）	36
—8	コンクリートブロック帳壁	37

- 室　別
- 壁天井下地
- 外　壁
- 屋　上
- 内部開口
- 外部開口
- 階　段
- 便　所
- 湯沸室・厨房・シャワー室
- 和　室
- 内部雑
- 外部雑・外構
- 附　表

鋼製壁下地—1　　102-1 壁天井下地

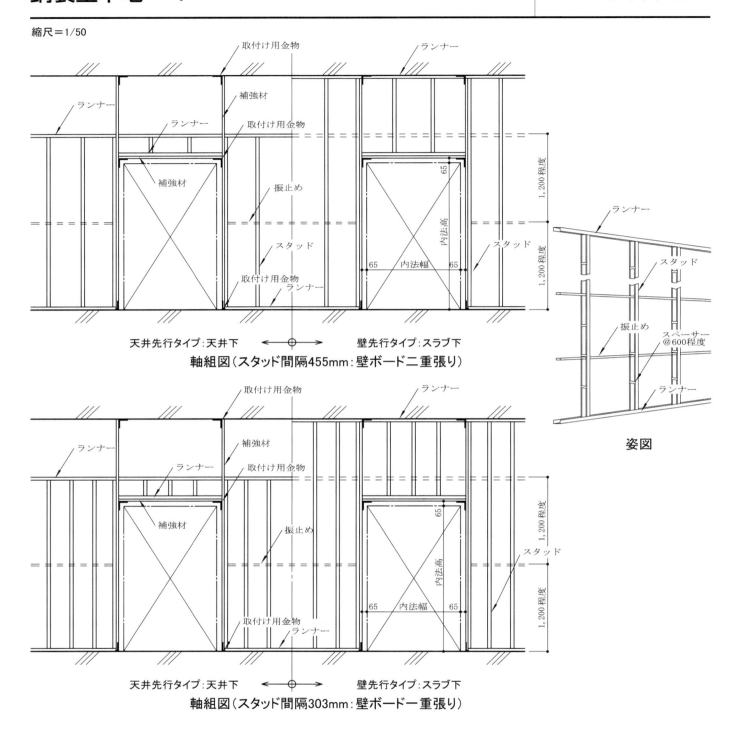

縮尺＝1/50

軸組図（スタッド間隔455mm：壁ボード二重張り）

軸組図（スタッド間隔303mm：壁ボード一重張り）

姿図

注1：ドア等の開口部まわりは，軽量形鋼の補強材を用い，ドア枠等をこの補強材に固定する。
注2：65形で補強材の長さが4,000mmを超える場合は，2本抱き合せにしたものを使用する（上下端部および間隔600mm程度に溶接したものを用いる）。

摘　要

| 壁下地材の種類 | JIS A 6517 の規格品とし，下表による。 | | | | | | |

部材 種類	スタッド 記号	スタッド 寸法	ランナー 記号	ランナー 寸法	振止め 記号	振止め 寸法	摘要高さ 寸法	開口部の補強材 寸法
50形	WS-50	50×45×0.8	WR-50	52×40×0.8	WB-19	19×10×1.2	2.7m以下	[-40×20×2.3（×1.6）
65形	WS-65	65×45×0.8	WR-65	67×40×0.8	WB-25	25×10×1.2	4.0m以下	[-60×30×10×2.3
75形	WS-75	75×45×0.8	WR-75	77×40×0.8				
90形	WS-90	90×45×0.8	WR-90	92×40×0.8			4.5m以下	[-75×45×15×2.3
100形	WS-100	100×45×0.8	WR-100	102×40×0.8			5.0m以下	2[-75×45×15×2.3

鋼製壁下地―2　　102-2 壁天井下地

縮尺=1/3

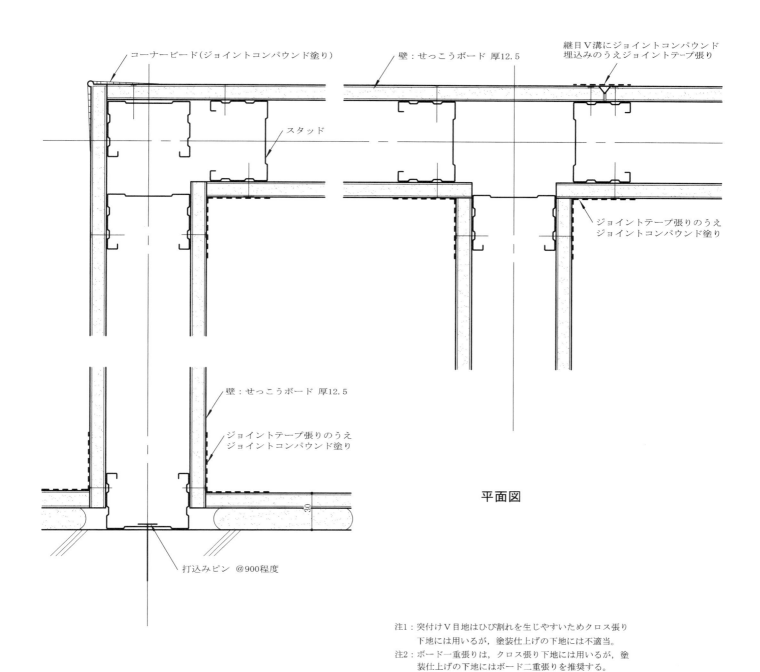

平面図

注1：突付けＶ目地はひび割れを生じやすいためクロス張り
　　　下地には用いるが，塗装仕上げの下地には不適当。
注2：ボード一重張りは，クロス張り下地には用いるが，塗
　　　装仕上げの下地にはボード二重張りを推奨する。

摘　要

工法	スタッドがコンクリート壁などに取り付く場合は，打込みピン等で固定する。 溶接または溶断した箇所は，さび止め塗料を塗布する。

鋼製壁下地―3

102-3 壁天井下地

縮尺＝1/3

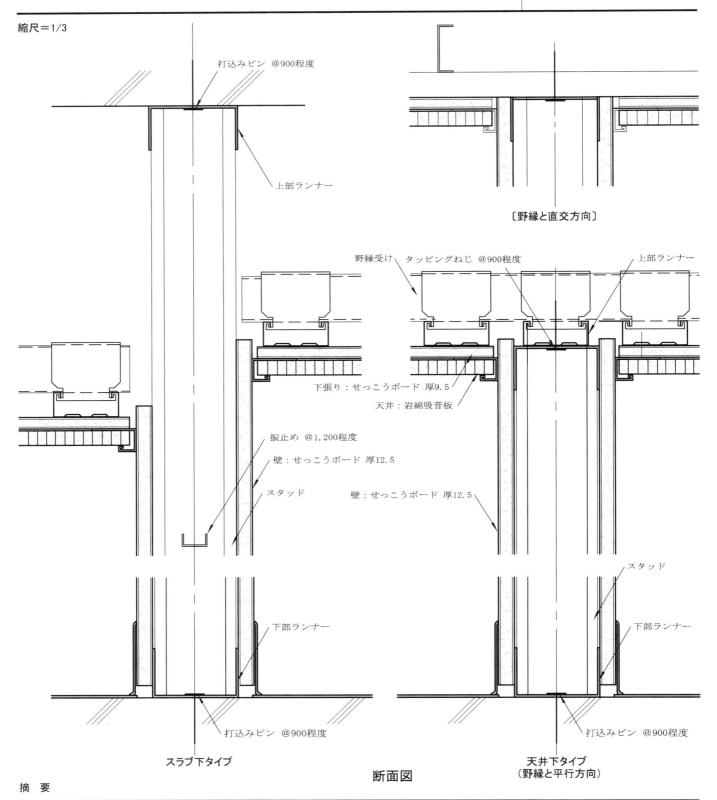

断面図

摘 要	
材料	JIS A 6517 の規格品 組立および取付け用打込みピン，タッピングねじ，ボルトなどは，亜鉛めっきしたものを使用する。 開口部補強材および補強材取付け用金物は，防錆処理を行ったものとする。
工法（ランナー）	スタッド幅＋2 mm の鋼製壁下地を，コンクリートには打込みピンで，野縁受けにはタッピングねじで固定する。
工法（スタッド）	上下のランナーに，はめ込み。下張りボードのある場合（二重張り）は 455 mm，直張りの場合は 303 mm の間隔で配置する。
工法（振止め）	スタッドに設けられた穴に通す。1,200 mm 間隔程度。

鋼製天井下地—1

102-4 壁天井下地

縮尺＝1/50

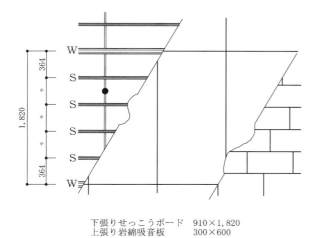

下張りせっこうボード　910×1,820
上張り岩綿吸音板　300×600

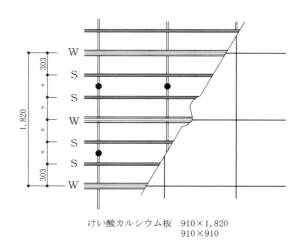

けい酸カルシウム板　910×1,820
　　　　　　　　　910×910

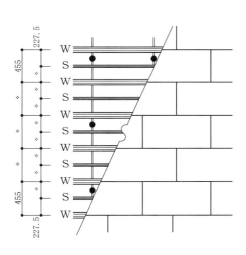

化粧せっこうボード　455×910

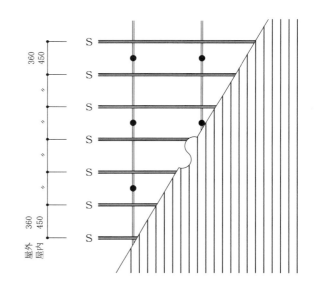

アルミスパンドレル

天井伏図

S ：シングル野縁
W ：ダブル野縁
● ：吊りボルト

注1：屋外では，野縁材は高さ25mmのものを使用する。間隔は300～360mm程度とし，野縁受け材の溝内にクリップを十分折り曲げ，ハンガーのはずれ防止措置を行う。

注2：天井ふところが屋外で1,000mm以上，屋内で1,500mm以上の場合は，振止め補強として9φまたは[形鋼([－19×10×1.2)を，縦・横間隔 1,800mm程度で吊りボルトに固定する。斜め補強は相対する斜め材を1組とし，縦・横方向に間隔3,600mm程度に配置する。

注3：アルミスパンドレル等で，長手方向に継手を設ける場合，その工法によってはダブル野縁が必要となる。また，アルミスパンドレルの場合は，板厚によって野縁の間隔を変える必要がある。

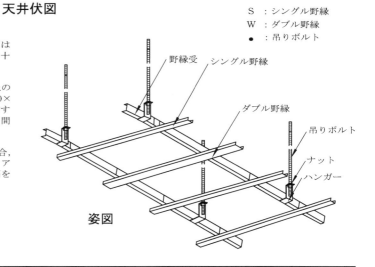

姿図

鋼製天井下地―2

102-5 壁天井下地

縮尺=1/2

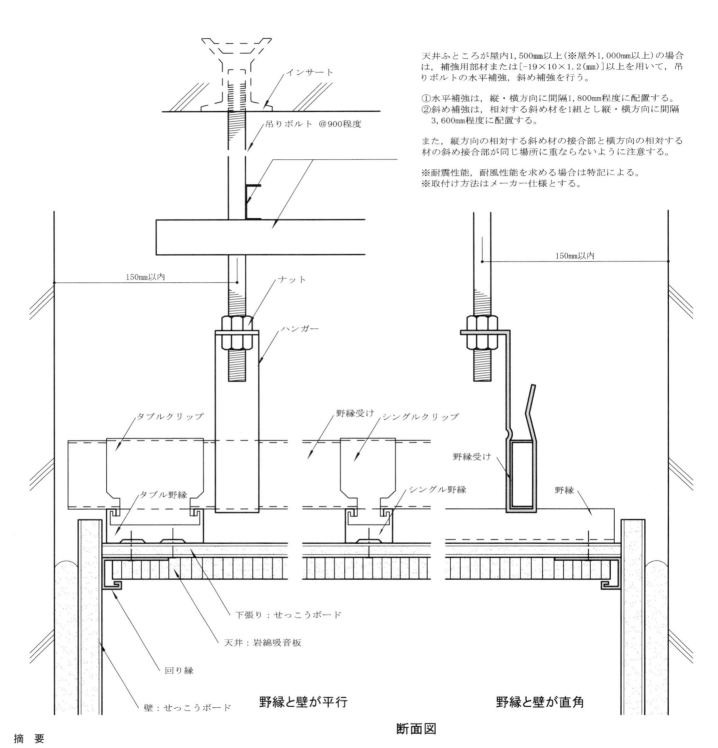

天井ふところが屋内1,500mm以上(※屋外1,000mm以上)の場合は、補強用部材または[-19×10×1.2(mm)]以上を用いて、吊りボルトの水平補強、斜め補強を行う。

①水平補強は、縦・横方向に間隔1,800mm程度に配置する。
②斜め補強は、相対する斜め材を1組とし縦・横方向に間隔3,600mm程度に配置する。

また、縦方向の相対する斜め材の接合部と横方向の相対する材の斜め接合部が同じ場所に重ならないように注意する。

※耐震性能、耐風性能を求める場合は特記による。
※取付け方法はメーカー仕様とする。

野縁と壁が平行 **野縁と壁が直角**

断面図

摘要

インサート	900 mm 間隔程度、壁からの距離150 mm 以内。
吊りボルト	9φボルト、900 mm 間隔。天井ふところが屋外で1,000 mm 以上、屋内で1,500 mm 以上の場合は、振止め補強として9φまたは[形鋼([-19×10×1.2)を、縦・横間隔1,800 mm 程度で吊りボルトに固定する。斜め補強は相対する斜め材を1組とし、縦・横方向に間隔3,600 mm 程度に配置する。
野縁受け	防錆処理した鋼製部材([-38×12×1.2 など)
野縁	防錆処理した鋼製部材(既製品、シングルまたはダブル)なお、ダブル野縁は仕上げボードの目地部または壁際に配置する。
補強	設備器具、点検口等の取付け部分は補強する。

鋼製天井下地―3（下り天井／野縁が下り天井に平行な場合） 102-6 壁天井下地

縮尺＝1/2

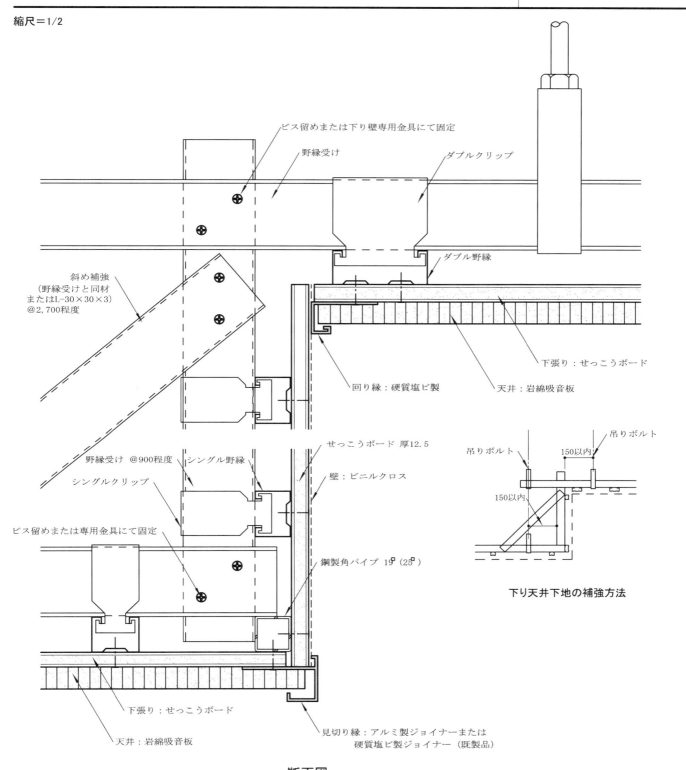

断面図

下り天井下地の補強方法

摘要	
工法	アルミ製ジョイナーを野縁または角パイプにビス留めし，せっこうボード（下り壁）および岩綿吸音板（天井）の端部をそれに差し込むようにして留め付ける。 下り壁は，せっこうボードを野縁にドリリングタッピングねじで留め付ける。

鋼製天井下地—4（下り天井／野縁が下り天井に直角な場合） 102-7 壁天井下地

縮尺＝1/2

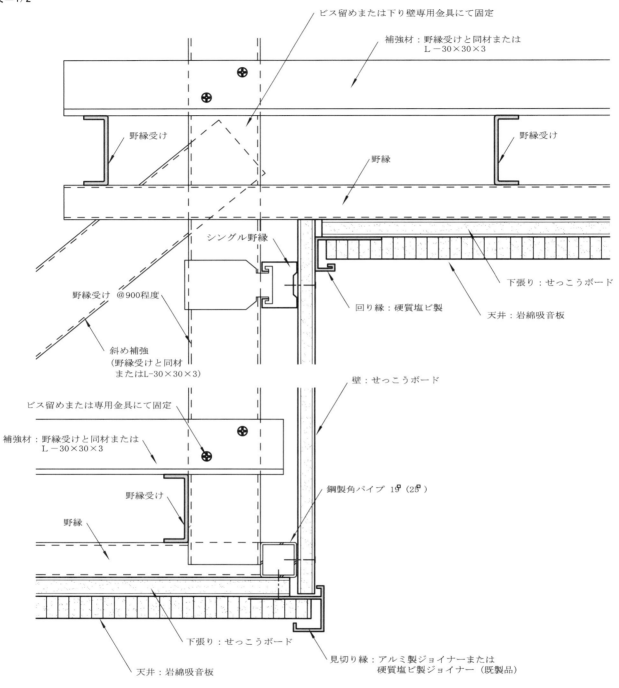

断面図

摘要

工法	アルミ製ジョイナーを野縁または角パイプにビス留めし，せっこうボード（下り壁）および岩綿吸音板（天井）の端部をそれに差し込むようにして留め付ける。 下り壁は，せっこうボードを野縁にドリリングタッピングねじで留め付ける。

コンクリートブロック帳壁　　102-8 壁天井下地

[一般帳壁]
主要支持が2辺の場合

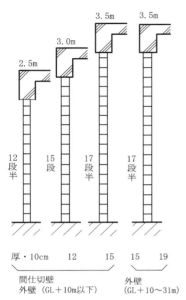

2辺支持の最大組積高さ

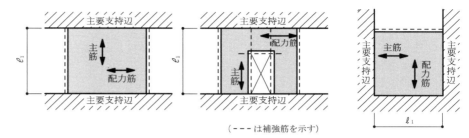

（- - - は補強筋を示す）

2辺支持：一般帳壁の配筋

帳壁の種類		主筋				配力筋	
		$\ell_1 \leq 2.4m$		$2.4m < \ell_1 \leq 3.5m$			
		呼び名	間隔(cm)	呼び名	間隔(cm)	呼び名	間隔(cm)
間仕切壁		D10以上	80以下	D13以上	40以下	D10以上	80以下
外壁	(イ) 地盤面からの高さ10m以下の部分	D10以上	80以下	D13以上	40以下	D10以上	80以下
	(ロ) 地盤面からの高さ10mを超え31m以下の部分	D10以上	40以下	D13以上	40以下	D10以上	60以下

[備考]　(1)　主筋とは主要支点間方向の鉄筋をいう。
　　　　(2)　配力筋とは主筋と直角方向の鉄筋をいう。
　　　　(3)　ℓ_1は主要点間距離を表す（ℓ_1は3.5m以下）。

[小壁帳壁]
主要支持が1辺の場合

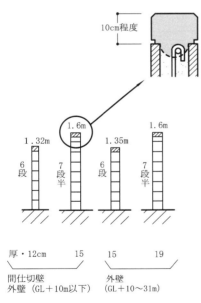

1辺支持の最大組積高さ

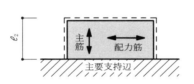 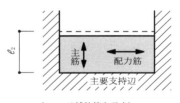

（- - - は補強筋を示す）

1辺支持：小壁帳壁の配筋

帳壁の種類		主筋				配力筋	
		$\ell_2 \leq 1.2m$		$1.2m < \ell_2 \leq 1.6m$			
		呼び名	間隔(cm)	呼び名	間隔(cm)	呼び名	間隔(cm)
間仕切壁		D10以上	40以下	D13以上	40以下	D10以上	40以下
外壁	(イ) 地盤面からの高さ10m以下の部分	D10以上	40以下	D13以上	40以下	D10以上	40以下
	(ロ) 地盤面からの高さ10mを超え31m以下の部分	D13以上	40以下	D13以上	40以下	D10以上	40以下

[備考]　(1)　主筋とは持放し方向の鉄筋をいう。
　　　　(2)　配力筋とは主筋と直角方向の鉄筋をいう。
　　　　(3)　ℓ_2は持放し長さを表す（ℓ_2は1.6m以下）。

注1：壁の端部および開口部回りは，D13以上の鉄筋で補強する。
注2：主要支持が2辺の場合，鉄筋の端部は次のように処理する。
・主筋は，その両端を主要支持部に定着する。ただし，開口部においては，補強筋に溶接または180°のフックを付けてかぎ掛けをする。
・配力筋は，その両端を補強筋に溶接または180°のフックを付けてかぎ掛けをする。
注3：主要支持が1辺の場合，鉄筋の端部は次のように処理する。
・主筋は，一方の端部を主要支持部に定着し，もう一方の端部を補強筋に溶接または180°のフックを付けてかぎ掛けをする。
・配力筋は，その両端を補強筋に溶接または180°のフックを付けてかぎ掛けをするか，主要支持部に定着する。
注4：補強筋を配置した箇所は，100mm程度の幅のコンクリートまたはモルタルで被覆する。

外壁

103	**外壁**	
—1	ひび割れ誘発目地・打継ぎ目地	40
—2	構造スリット	41
—3	タイル伸縮目地	42
—4	タイル張り—1	43
—5	タイル張り—2	44
—6	斜め屋根（タイル張り，アスファルトシングル葺き）	45
—7	花こう岩張り—1（乾式工法／ダブルファスナー）	46
—8	花こう岩張り—2（乾式工法／シングルファスナー）	47
—9	花こう岩張り—3（乾式工法／鉄骨下地）	48

- 室　別
- 壁天井下地
- **外　壁**
- 屋　上
- 内部開口
- 外部開口
- 階　段
- 便　所
- 湯沸室・厨房・シャワー室
- 和　室
- 内部雑
- 外部雑・外構
- 附　表

ひび割れ誘発目地・打継ぎ目地　　103-1 外　壁

縮尺＝1/2

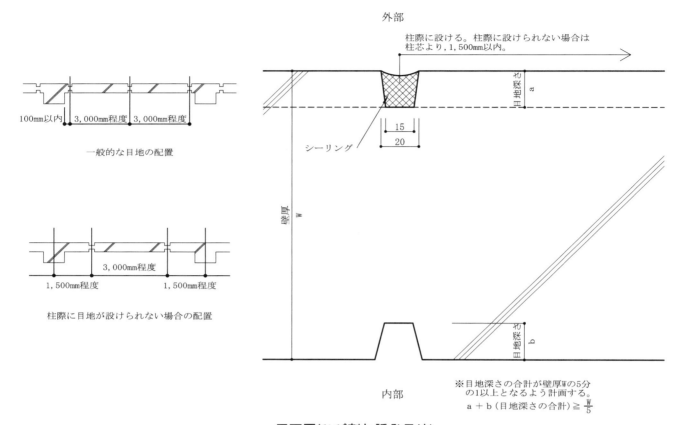

平面図（ひび割れ誘発目地）

※目地深さの合計が壁厚Wの5分の1以上となるよう計画する。
$a + b$（目地深さの合計）$\geqq \dfrac{W}{5}$

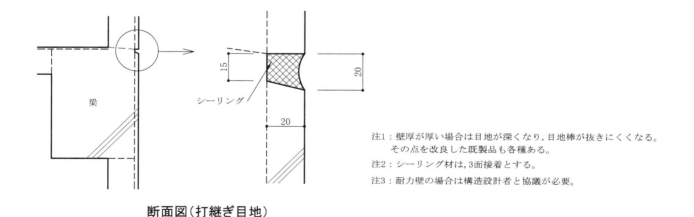

断面図（打継ぎ目地）

注1：壁厚が厚い場合は目地が深くなり，目地棒が抜きにくくなる。その点を改良した既製品も各種ある。
注2：シーリング材は，3面接着とする。
注3：耐力壁の場合は構造設計者と協議が必要。

摘　要

	ひび割れ誘発目地
目地の形状	幅 20 mm 以上，深さ 10 mm 以上とする。
目地の位置	・2～3 m 間隔。開口部のない壁では柱際。柱際に設けられない場合は，柱芯から 1,500 mm 以内とする。 ・壁厚が急激に変化する位置 ・一つの開口部などで，壁の高さに段差がつく場所 ・ひび割れ誘発目地に囲まれた面積は 25 m² 以下 ・パラペット，腰壁では @1,500 mm ・開口際上下
シーリング	ポリウレタン系，変成シリコーン系，ポリサルファイド系

構造スリット　　103-2 外　壁

縮尺＝1/5

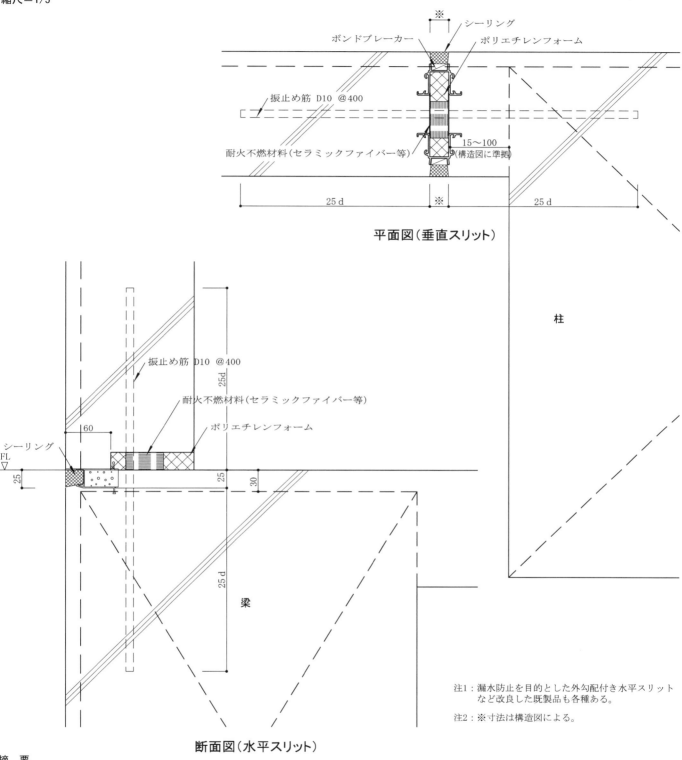

平面図（垂直スリット）

断面図（水平スリット）

注1：漏水防止を目的とした外勾配付き水平スリットなど改良した既製品も各種ある。

注2：※寸法は構造図による。

摘　要

	構造スリット
形状	・構造図に準拠（※）
位置	・構造図に準拠（※）
シーリング	・変成シリコーン系，ポリウレタン系

タイル伸縮目地

103-3 外　壁

縮尺＝1/2

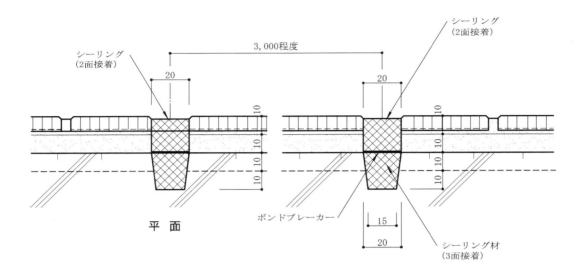

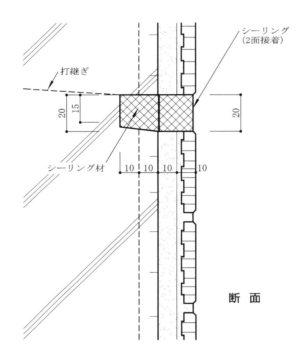

注：伸縮目地部のモルタルは，目地さらいを行うこと（タイル張付け後約1時間経過してから目地こてで除去する）。

摘　要

方向	水　平　方　向	垂　直　方　向
幅	20 mm	20 mm
配置	・各階の水平打継ぎ部 ・階高が5mを超える場合はその中間	3,000 mm 程度間隔。ただし，次に示す伸縮目地の箇所とも一致させる。 ・柱際 ・開口部際 ・建物の取合い部

タイル張り―1　　　103-4 外　壁

縮尺＝1/2

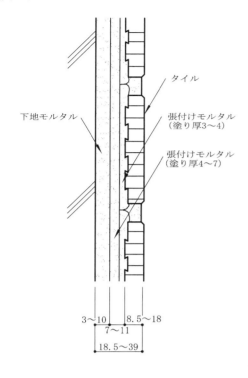

改良圧着張り
適用タイル：小口平, 二丁掛

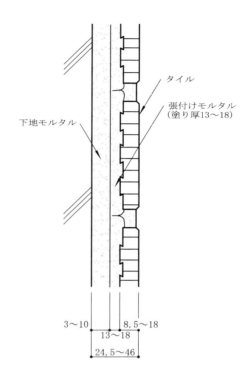

改良積上げ張り
適用タイル：二丁掛, 三丁掛, 四丁掛

注1：厚さ25mm以上または面積が0.1m²以上のタイルを張る場合は, 引き金物をタイルに設けて緊結する。
注2：厚さ20mmを超えるタイルを張る場合は, タイル裏面にモルタルを塗布する工法（改良圧着張り, 改良積上げ張り等）を採用する。
注3：目地の深さは, タイル厚の2分の1以下とする。
注4：外壁には陶器質タイルを使用しない。

摘　要

（※ CM-2とは, JIS A 6916 建築用下地調整塗材を示す）

種類	改良圧着張り	改良積上げ張り
工法	張付けモルタルは2層に分けて塗り付けるものとし, 1層目は, こて圧をかけて塗り付ける。 張付けモルタルの1回の塗付け面積の限度は2m²以下とし, かつ, 60分以内に張り終える面積とする。 練り混ぜる量は, 1回の塗付け量および張付け量とする。 タイル裏面全面に張付けモルタルを平らに塗り付けて張り付け, 適切な方法でタイル周辺からモルタルがはみ出すまで入念にたたき締め, 通りよく平らに張り付ける。	張付けモルタルをタイル裏面全面に平らに塗り付けて張り付けた後, 適切な方法でタイル周辺からモルタルがはみ出すまで入念にたたき締め, 通りよく平らに張り付ける。 モルタルの塗置き時間は5分以内とする。 内装タイル張りにおいて, 張付けモルタルに隙間ができた場合は, モルタルを補充する。
下地処理	超高圧水洗かMCR工法とする。 吸水調整剤の塗布を行うが, 150 MPaを超える超高圧水洗の場合には塗布は行わず, 水湿しをする。	
下地モルタル	塗り厚はコンクリート面の精度によって異なるが, 下地調整後の精度を3mにつき±3mm以内とする。 ・セメントモルタル塗り……2回塗りで12mm以上, 1回塗りで10mm程度（CM-2と同等の性能を有するものを使用） ・セメントモルタル薄塗り……薄塗り用セメントモルタル材を用いて3～10mm（CM-2相当品）	
張付けモルタル	容積比で, 1（セメント）：2～2.5（細骨材） ※混和剤は, 合成樹脂エマルションおよび合成ゴムラテックス, メチルセルロースなどの水溶性樹脂を適量用いる。	容積比で, 1（セメント）：2～3（細骨材） ※混和剤および細骨材は, 改良圧着張りに同じ。
目地モルタル	既調合目地モルタル	

タイル張り—2　　103-5 外　壁

縮尺＝1/2

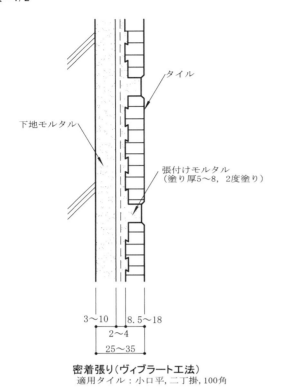

密着張り（ヴィブラート工法）
適用タイル：小口平，二丁掛，100角

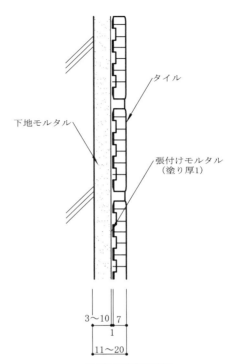

有機系接着剤張り
適用タイル：50角（45），50二丁（45二丁）
　　　　　　94×54（ニュー小口）

注1：厚さ25mm以上または面積が0.1m² 以上のタイルを張る場合は，引き金物を
　　タイルに設けて緊結する。
注2：厚さ20mmを超えるタイルを張る場合は，タイル裏面にモルタルを塗布する
　　工法（改良圧着張り，改良積上げ張り等）を採用する。
注3：目地の深さは，タイル厚の2分の1以下とする。
注4：外壁には陶器質タイルを使用しない。

摘　要

（※　CM-2とは，JIS A 6916 建築用下地調整塗材を示す）

種類	密着張り	有機系接着剤張り
工法	張付けモルタルは2層に分けて塗り付けるものとし，1層目は，こて圧をかけて塗り付ける。 張付けモルタルの1回の塗付け面積の限度は2 m² 以内とし，かつ，20分以内に張り終える面積とする。 張付けモルタルの塗付け後，ただちにタイルをモルタルに押し当て，タイル張り用振動機（ヴィブラート）を用い，タイル表面に振動を与え，張付けモルタルがタイル裏面全面にまわり，さらに，タイル周辺からモルタルがはみ出すまで振動機を移動させながら，目違いのないよう通りよく張り付ける。	接着剤の1回の塗布面積の限度は，30分以内に張り終える面積とする。 接着剤は金ごて等を用いて平たんに塗布した後，所定のくし目ごてを用いて壁面に60°の角度を保ってくし目を立てる。 裏足のあるタイルを用い，くし目を立てて接着剤を塗り付けて張り付ける場合は，裏足に対して直交または斜め方向にくし目を立てる。 接着剤を平たんに塗り付ける場合は，くし目を立てた後に金ごてを用いて平たんにならす。ただし，目地幅が3 mm以下の空目地の場合は，くし目状のままとする。
下地処理	超高圧水洗かMCR工法とする。 吸水調整剤の塗布を行うが，150 MPaを超える超高圧水洗の場合は塗布は行わず，水湿しをする。	
下地モルタル	塗り厚はコンクリート面の精度によって異なるが，下地調整後の精度を3 mにつき±3 mm以内とする。 ・セメントモルタル塗り……2回塗りで12 mm以上，1回塗りで10 mm程度（CM-2と同等の性能を有するものを使用） ・セメントモルタル薄塗り……薄塗り用セメントモルタル材を用いて3～10 mm（CM-2相当品）	
張付けモルタル	容積比で，1（セメント）：1～2（細骨材） ※混和剤は，合成樹脂エマルションおよび合成ゴムラテックス，メチルセルロースなどの水溶性樹脂を適量用いる。	JIS A 5557（外壁タイル張り用有機系接着剤）に定めるもの
目地モルタル	—	既調合目地モルタル

斜め屋根（タイル張り，アスファルトシングル葺き） 103-6 外　壁

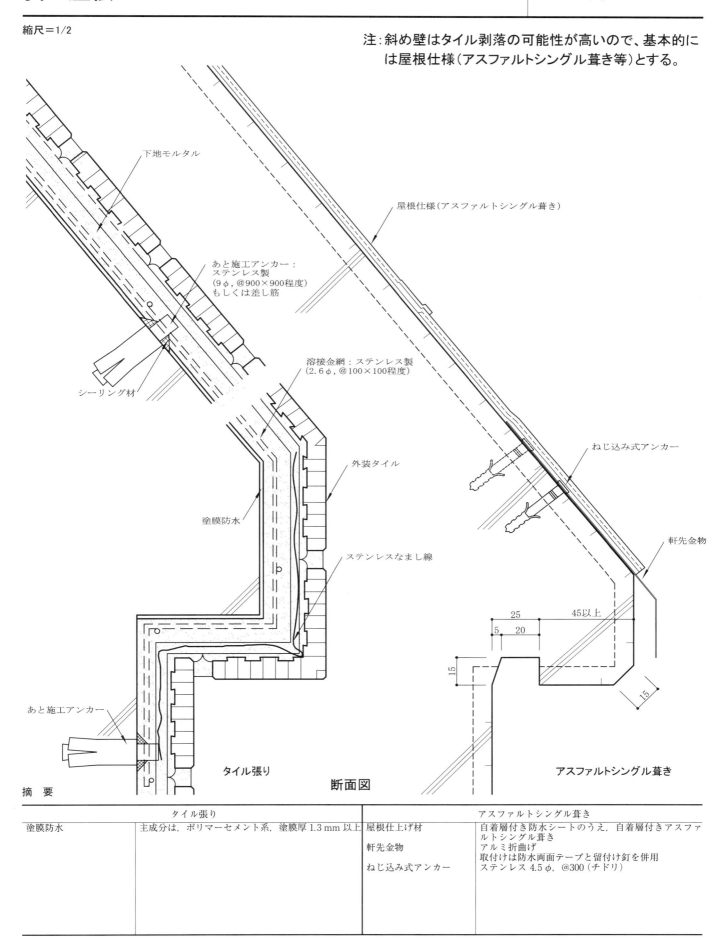

花こう岩張り—1（乾式工法／ダブルファスナー）　103-7 外　壁

縮尺＝1/2, 1/5

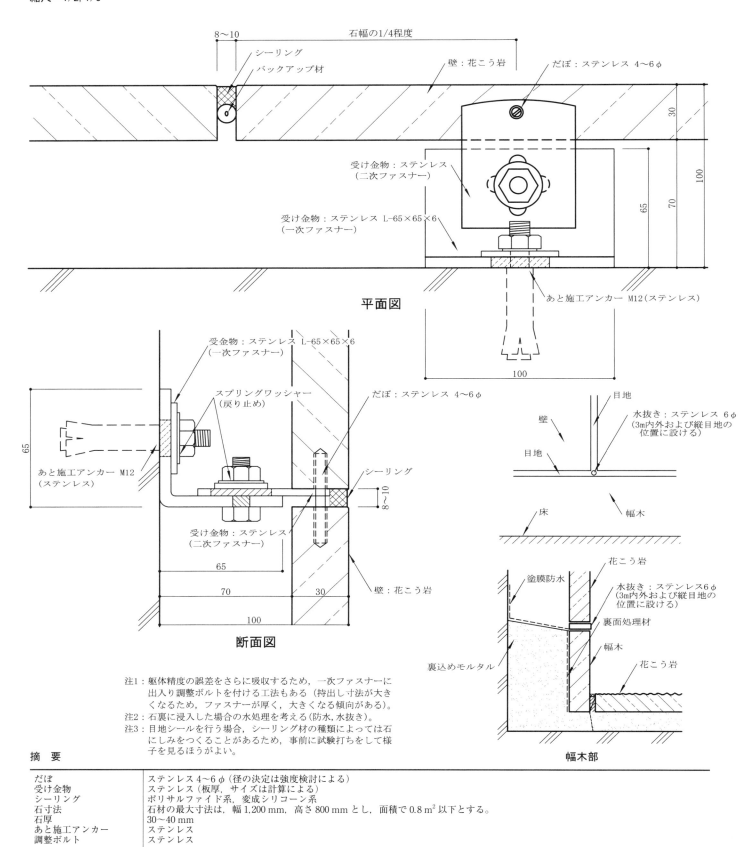

注1：躯体精度の誤差をさらに吸収するため，一次ファスナーに出入り調整ボルトを付ける工法もある（持出し寸法が大きくなるため，ファスナーが厚く，大きくなる傾向がある）。
注2：石裏に浸入した場合の水処理を考える（防水，水抜き）。
注3：目地シールを行う場合，シーリング材の種類によっては石にしみをつくることがあるため，事前に試験打ちをして様子を見るほうがよい。

摘　要

だぼ	ステンレス 4〜6φ（径の決定は強度検討による）
受け金物	ステンレス（板厚，サイズは計算による）
シーリング	ポリサルファイド系，変成シリコーン系
石寸法	石材の最大寸法は，幅1,200 mm，高さ800 mmとし，面積で0.8 m² 以下とする。
石厚	30〜40 mm
あと施工アンカー	ステンレス
調整ボルト	ステンレス

花こう岩張り—2（乾式工法／シングルファスナー） 103-8 外　壁

縮尺＝1/2, 1/5

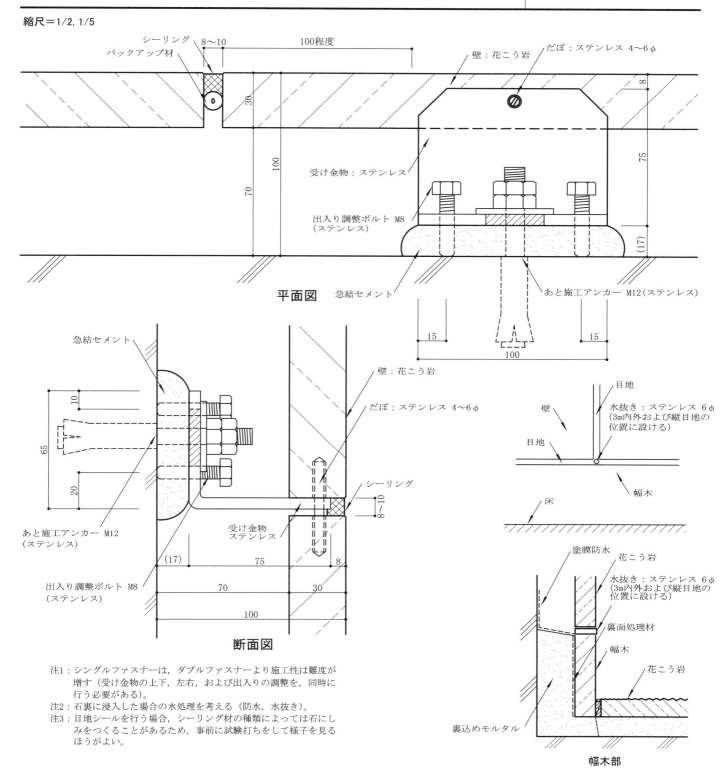

注1：シングルファスナーは、ダブルファスナーより施工性は難度が増す（受け金物の上下、左右、および出入りの調整を、同時に行う必要がある）。
注2：石裏に浸入した場合の水処理を考える（防水、水抜き）。
注3：目地シールを行う場合、シーリング材の種類によっては石にしみをつくることがあるため、事前に試験打ちをして様子を見るほうがよい。

摘　要

だぼ	ステンレス 4〜6φ（径の決定は強度検討による）
受け金物	ステンレス（板厚、サイズは計算による）
シーリング	ポリサルファイド系、変成シリコーン系
石寸法	石材の最大寸法は、幅1,200 mm、高さ800 mmとし、面積で0.8 m²以下とする。
石厚	30〜40 mm
あと施工アンカー	ステンレス
調整ボルト	ステンレス

花こう岩張り—3（乾式工法／鉄骨下地） 103-9 外壁

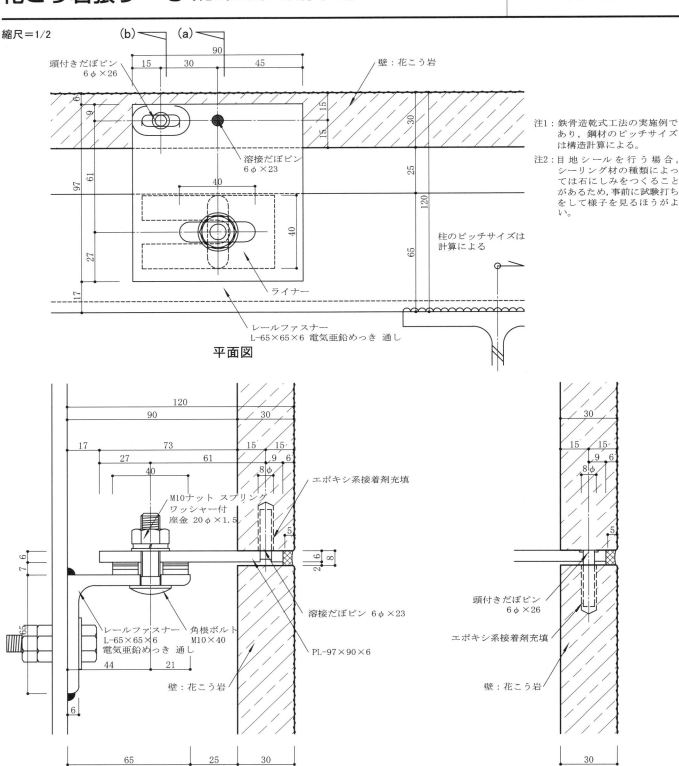

注1：鉄骨造乾式工法の実施例であり，鋼材のピッチサイズは構造計算による。

注2：目地シールを行う場合，シーリング材の種類によっては石にしみをつくることがあるため，事前に試験打ちをして様子を見るほうがよい。

摘要

だぼ	ステンレス 4〜6φ（径の決定は強度検討による）
受け金物	ステンレス（板厚，サイズは計算による）
シーリング	ポリサルファイド系，変成シリコーン系
石寸法	石材の最大寸法は，幅1,200 mm，高さ800 mmとし，面積で0.8 m² 以下とする。
石厚	30〜40 mm
あと施工アンカー	ステンレス
調整ボルト	ステンレス

104	屋　上	
—1	キープラン	50
—2	アスファルト防水・コンクリート押え—1（外断熱）	51
—3	アスファルト防水・コンクリート押え—2（外断熱）	52
—4	アスファルト防水・コンクリート押え—3（内断熱）	53
—5	アスファルト防水・コンクリート押え—4（外断熱／横型ルーフドレン）	54
—6	アスファルト防水・コンクリート押え—5（内断熱／横型ルーフドレン）	55
—7	アスファルト防水・コンクリート押え—6（外断熱／縦型ルーフドレン）	56
—8	アスファルト防水・コンクリート押え—7（内断熱／縦型ルーフドレン）	57
—9	アスファルト防水・露出（外断熱）	58
—10	シート防水（外断熱／合成高分子系ルーフィングシート防水）	59
—11	出入口	60
—12	丸環	61
—13	タラップ	62
—14	手すり	63
—15	鳩小屋	64
—16	設備用機器基礎	65

キープラン　　104-1 屋　上

縮尺＝1/150

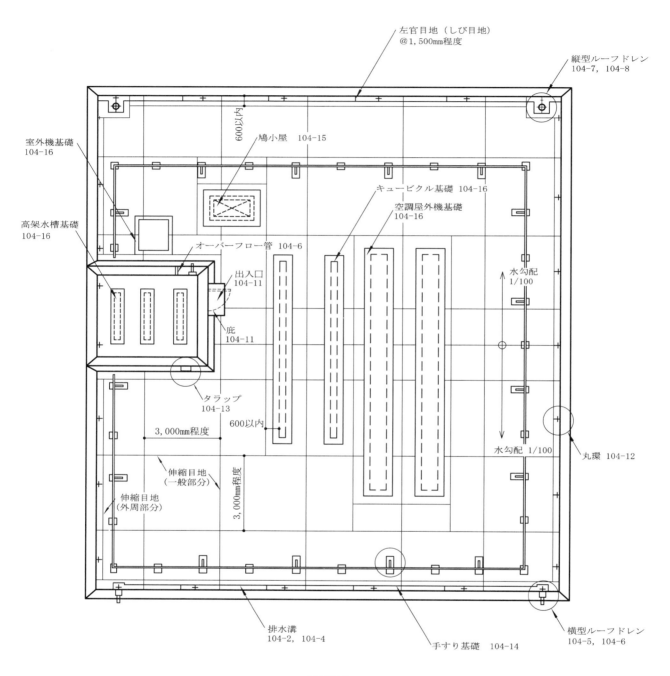

平面図

摘　要

伸縮目地	目地幅25〜30 mm，間隔3,000 mm 程度 温度による伸縮に追随性のある既製の伸縮目地材などを用いて，絶縁用シートまで到達させる。
〃（立上り部分）	RC立上りより600 mm 程度

アスファルト防水・コンクリート押え―1（外断熱） 104-2 屋上

縮尺＝1/10, 1/5

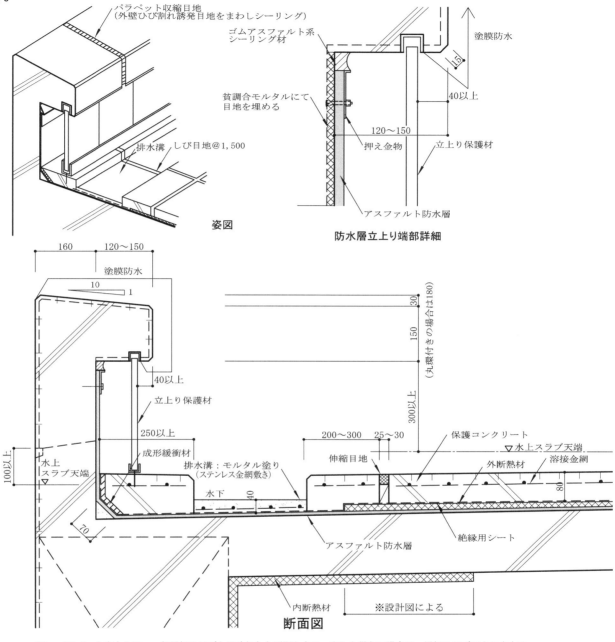

姿図

防水層立上り端部詳細

断面図

注1：パラペット立上りは，一般屋根スラブと同時打ちを原則とする。やむを得ない場合は，屋根スラブ面より水上で100mm程度立ち上げておき，パラペットをあと打ちにする。

注2：外壁がコンクリート打放しの場合は，パラペット天端をコンクリート直押えとする。

注3：外壁のひび割れ誘発目地はパラペットの内外までまわし，外部シーリング・防水下は貧調合モルタルを充填する。@1,500mm

注4：防水立上り端部は，各ルーフィング層の先端をそろえ，押え金物留めとする。

注5：排水溝部に断熱材を敷くと，溝部のモルタルが不安定になりやすいので，この部分の断熱はスラブ内側にて補う。

注6：保護コンクリートの伸縮目地は，外断熱材のある所では外断熱材まで達するように，また外断熱材のない所では絶縁層まで達するようにし，浮きや隙間が生じないようにする。

摘要

コンクリートスラブ	表面は金ごて仕上げ，勾配1/100以上
押え金物	ステンレスまたはアルミのL形状の既製品。アンカーはステンレス製タッピングねじ，間隔400～450mm
絶縁用シート	ポリエチレンフィルム 厚0.15mm，またはフラットヤーンクロス
伸縮目地	温度伸縮に追随性のある既製品など
成形緩衝材	押出発泡ポリスチレン 15～25mm（通し）
保護コンクリート	普通コンクリートこて押え 厚80mm以上，ワイヤーメッシュ6.0φ・100目程度を挿入
立上り保護材	押出成形セメント板……厚15mm（既製品）
外断熱材	硬質ウレタンフォーム断熱材
内断熱材	建築物断熱用吹付け硬質ウレタンフォーム

アスファルト防水・コンクリート押え—2（外断熱） 104-3 屋上

縮尺＝1/10

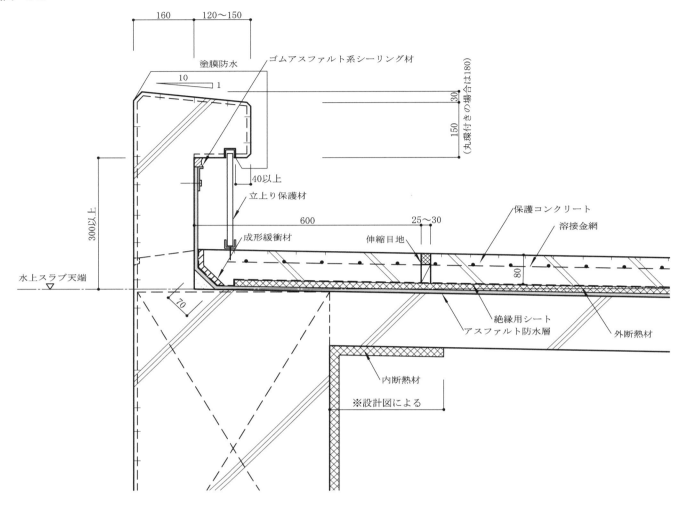

断面図

注1：パラペット立上りは，一般屋根スラブと同時打ちを原則とする。やむを得ない場合は，屋根スラブ面より水上で100mm程度立ち上げておき，パラペットをあと打ちにする。

注2：外壁がコンクリート打放しの場合は，パラペット天端をコンクリート直押えとする。

注3：外壁のひび割れ誘発目地はパラペットの内外までまわし，シーリングは特に入念に行う（防水部分は貧調合モルタル充填）。＠1,500mm

注4：防水立上り端部は，各ルーフィング層の先端をそろえ，押え金物留めとする。

注5：保護コンクリートの伸縮目地は，外断熱材のある所では外断熱材まで達するように，また外断熱材のない所では絶縁層まで達するようにし，浮きや隙間が生じないようにする。

摘要

コンクリートスラブ	表面は金ごて仕上げ，勾配1/100以上
押え金物	ステンレスまたはアルミのL形状の既製品。アンカーはステンレス製タッピングねじ，間隔400〜450 mm
絶縁用シート	ポリエチレンフィルム 厚0.15 mm，またはフラットヤーンクロス
伸縮目地	温度伸縮に追随性のある既製品など
成形緩衝材	押出発泡ポリスチレン 15〜25 mm（通し）
保護コンクリート	普通コンクリートこて押え 厚80 mm以上。ワイヤーメッシュ6.0φ・100目程度を挿入
立上り保護材	押出成形セメント板……厚15 mm（既製品）
外断熱材	硬質ウレタンフォーム断熱材
内断熱材	建築物断熱用吹付け硬質ウレタンフォーム

アスファルト防水・コンクリート押え―3（内断熱） | 104-4 屋　上

縮尺＝1/10

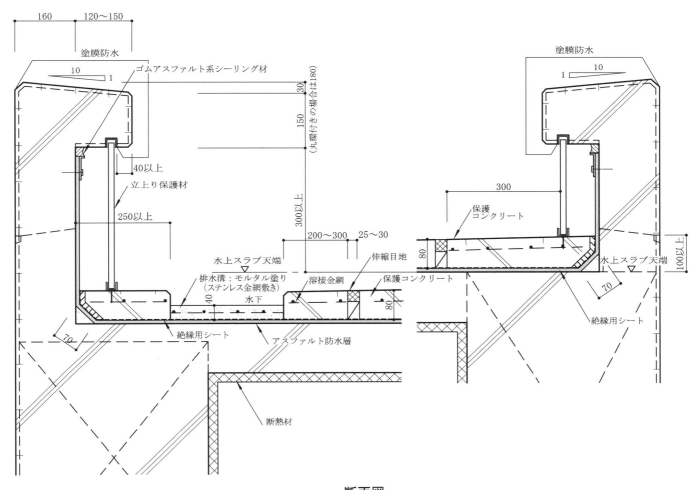

断面図

注1：パラペット立上りは，一般屋根スラブと同時打ちを原則とする。やむを得ない場合は，屋根スラブ面より水上で100mm程度立ち上げておき，パラペットをあと打ちにする。

注2：外壁がコンクリート打放しの場合は，パラペット天端をコンクリート直押えとする。

注3：外壁のひび割れ誘発目地はパラペットの内外までまわし，シーリングは特に入念に行う（防水部分は貧調合モルタル充填）。＠1,500mm

注4：防水立上り端部は，各ルーフィング層の先端をそろえ，押え金物留めとする。

注5：保護コンクリートの伸縮目地は，絶縁層まで達するようにし，浮きや隙間が生じないようにする。

摘　要

コンクリートスラブ	表面は金ごて仕上げ，勾配 1/100 以上
押え金物	ステンレスまたはアルミのL形状の既製品。アンカーはステンレス製タッピングねじ，間隔 400～450 mm
絶縁用シート	ポリエチレンフィルム 厚 0.15 mm
伸縮目地	温度伸縮に追随性のある既製品など
保護コンクリート	普通コンクリートごて押え 厚 80 mm 以上，ワイヤーメッシュ 3.2～5.5φ・100 目程度を挿入
内断熱材	建築用断熱材（JIS A 9521）打込み，または建築物断熱用吹付け硬質ウレタンフォーム

アスファルト防水・コンクリート押え―4
（外断熱／横型ルーフドレン）

104-5 屋　上

縮尺＝1/10

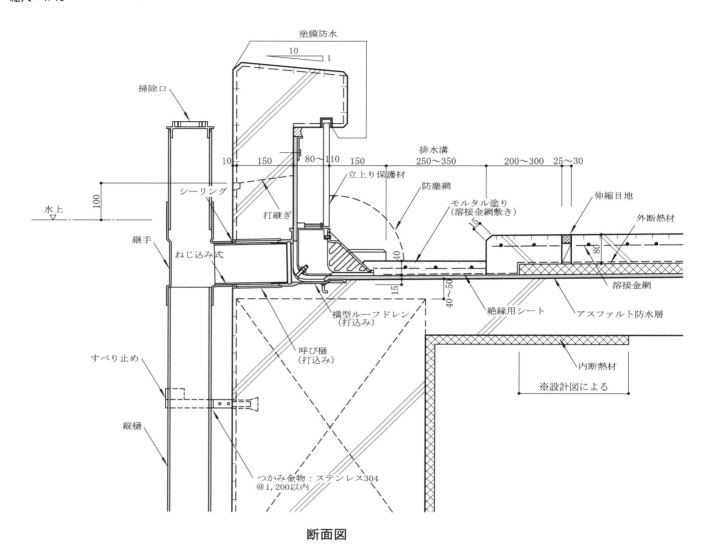

断面図

注1：横型ルーフドレンを設置する部分の梁は，天端を少し下げる（40～50mm程度）。

注2：ルーフドレンは，スラブ面より下げる（15mm程度）。

注3：ルーフドレン1個の受け持つ屋根面積は，附表-2参照。

注4：落葉などの多い地域では，防塵網（ステンレス製）を設置する場合もある。

注5：積雪地域では，ルーフドレン回りに防雪金網を設置する場合もある。

注6：縦樋には，外気の温度差を考慮して伸縮継手を設ける。

注7：オーバーフロー管は，屋根面積が小さく（ペントハウス屋上など），ルーフドレンが1カ所の場合には必ず設置する（104-6参照）。

摘　要

横型ルーフドレン	鋳鉄製（既製品）アスファルト防水用
呼び樋	配管用炭素鋼鋼管（SGP）
縦樋・継手	硬質塩ビ製（VP管），10mを超える場合は伸縮継手を設ける。
オーバーフロー管	ステンレス製（既製品）
外断熱材	硬質ウレタンフォーム断熱材
内断熱材	建築物断熱用吹付け硬質ウレタンフォーム

アスファルト防水・コンクリート押え—5
（内断熱／横型ルーフドレン）

104-6 屋　上

縮尺＝1/10

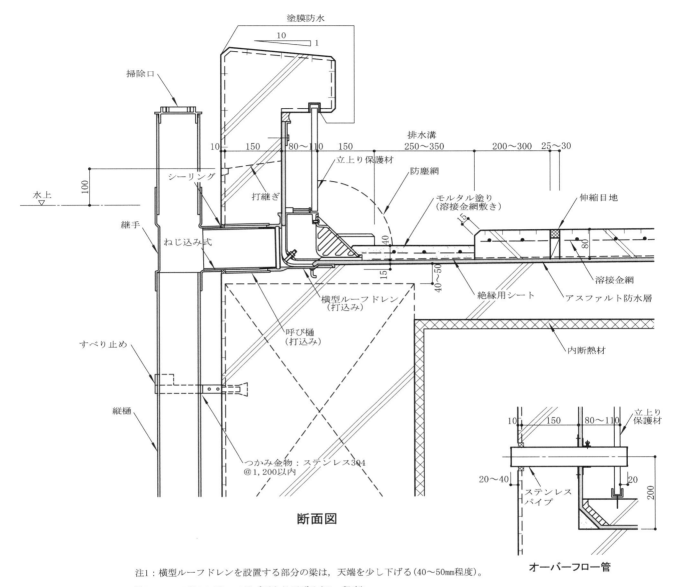

断面図

オーバーフロー管

注1：横型ルーフドレンを設置する部分の梁は，天端を少し下げる（40～50mm程度）。
注2：ルーフドレンは，スラブ面より下げる（15mm程度）。
注3：ルーフドレン1個の受け持つ屋根面積は，附表-2参照。
注4：落葉などの多い地域では，防塵網（ステンレス製）を設置する場合もある。
注5：積雪地域では，ルーフドレン回りに防雪金網を設置する場合もある。
注6：縦樋には，外気の温度差を考慮して伸縮継手を設ける。
注7：オーバーフロー管は，屋根面積が小さく（ペントハウス屋上など），ルーフドレンが1カ所の場合には必ず設置する。

摘　要

横型ルーフドレン	鋳鉄製（既製品）アスファルト防水用
呼び樋	配管用炭素鋼鋼管（SGP）
縦樋・継手	硬質塩ビ製（VP管），10mを超える場合は伸縮継手を設ける。
オーバーフロー管	ステンレス製（既製品）
内断熱材	建築物断熱用吹付け硬質ウレタンフォーム

アスファルト防水・コンクリート押え―6
（外断熱／縦型ルーフドレン）

104-7 屋　上

縮尺＝1/10

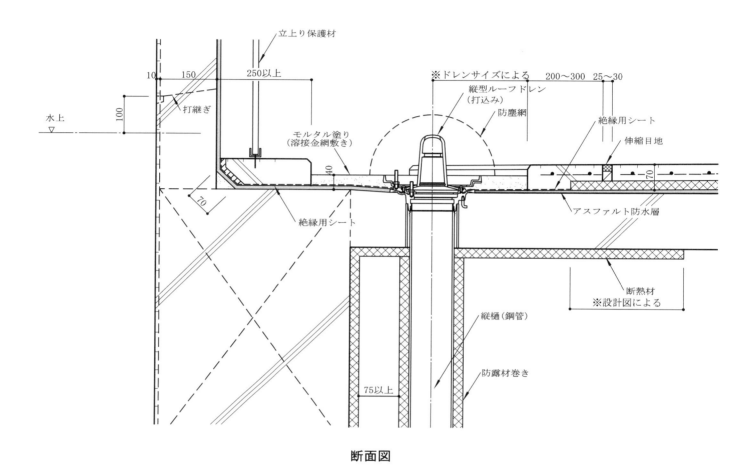

断面図

注1：ルーフドレンは，スラブ面より下げる(15mm程度)。
注2：ルーフドレン1個の受け持つ屋根面積は，附表－2参照。
注3：落葉などの多い地域では，防塵網(ステンレス製)を設置する場合もある。
注4：ルーフドレンを設置する部分のスラブを補強する(鉄筋補強とするか，さらにスラブを一部下げることが望ましい)。
注5：屋内に縦樋が出る場合は，結露防止のために防露材を巻く。また，ねじ込み型ルーフドレンを採用する。
注6：縦樋は漏水防止のため，できる限り外部に取り付ける。
注7：屋内縦樋には，塩ビ管を使用しない。
注7：オーバーフロー管は，屋根面積が小さく（ペントハウス屋上など），ルーフドレンが1カ所の場合には必ず設置する(104-6参照)。

摘　要

縦型ルーフドレン	鋳鉄製（既製品）アスファルト防水用
縦樋	配管用炭素鋼鋼管（SGP）
防露材	グラスウール成形品
外断熱材	硬質ウレタンフォーム断熱材
内断熱材	建築物断熱用吹付け硬質ウレタンフォーム

アスファルト防水・コンクリート押え―7
（内断熱／縦型ルーフドレン）

104-8 屋　上

縮尺＝1/10, 1/20

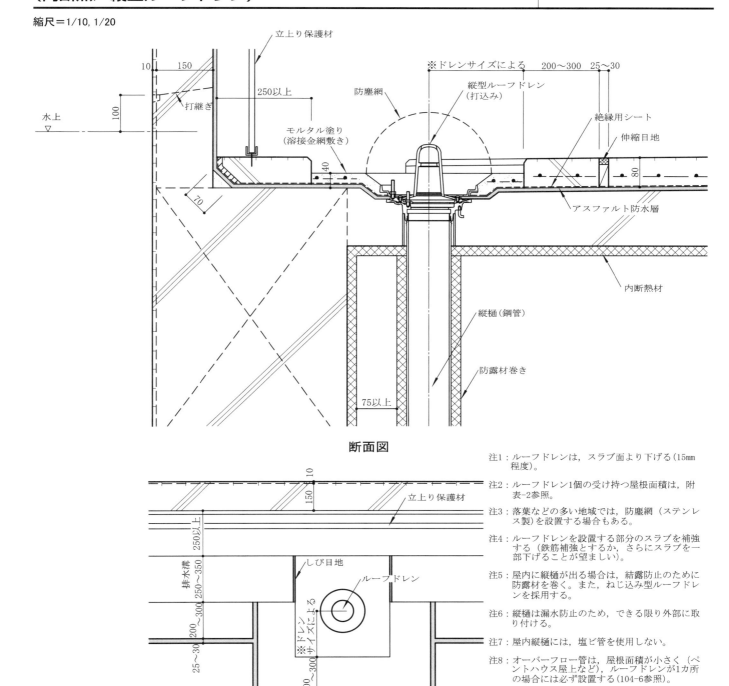

断面図

ルーフドレン回り平面

注1：ルーフドレンは，スラブ面より下げる（15mm程度）。
注2：ルーフドレン1個の受け持つ屋根面積は，附表-2参照。
注3：落葉などの多い地域では，防塵網（ステンレス製）を設置する場合もある。
注4：ルーフドレンを設置する部分のスラブを補強する（鉄筋補強とするか，さらにスラブを一部下げることが望ましい）。
注5：屋内に縦樋が出る場合は，結露防止のために防露材を巻く。また，ねじ込み型ルーフドレンを採用する。
注6：縦樋は漏水防止のため，できる限り外部に取り付ける。
注7：屋内縦樋には，塩ビ管を使用しない。
注8：オーバーフロー管は，屋根面積が小さく（ペントハウス屋上など），ルーフドレンが1カ所の場合には必ず設置する（104-6参照）。

摘　要

縦型ルーフドレン	鋳鉄製（既製品）アスファルト防水用
縦樋	配管用炭素鋼鋼管（SGP）
防露材	グラスウール成形品
内断熱材	建築物断熱用吹付け硬質ウレタンフォーム

アスファルト防水・露出（外断熱） 104-9 屋　上

縮尺＝1/10, 1/3

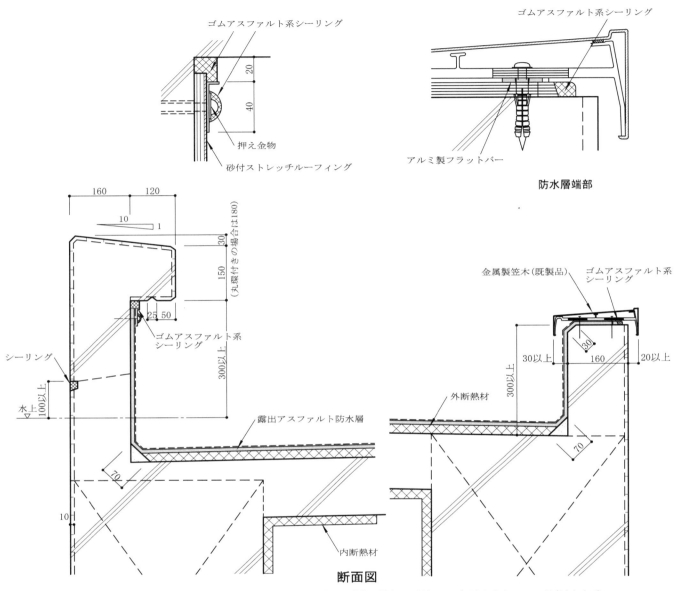

断面図

注1：パラペット立上りは，一般屋根スラブと同時打ちを原則とする。やむを得ない場合は，屋根スラブ面より水上で100mm程度立ち上げておき，パラペットをあと打ちにする。
注2：外壁がコンクリート打放しの場合は，パラペット天端をコンクリート直押えとする。
注3：外壁のひび割れ誘発目地はパラペットの内外までまわし，シーリングは特に入念に行う（防水部分は貧調合モルタル充填）。@1,500mm
注4：防水立上り端部は，各ルーフィング層の天端をそろえ，押え金物留めとする。
注5：横型ルーフドレンを設置する部分の梁は，天端を少し下げる（40〜50mm程度）。
注6：下地の湿気の気化膨張による防水層のふくれを防止するため，脱気装置を設ける場合がある（25〜100㎡/1カ所）。
注7：オーバーフロー管は，屋根面積が小さく（ペントハウス屋上など），ルーフドレンが1カ所の場合には必ず設置する。

摘　要

コンクリートスラブ	表面は金ごて仕上げ，勾配1/50以上
押え金物	ステンレスまたはアルミのL形状の既製品。アンカーはあと施工アンカーまたはカールプラグ，間隔400〜450mm
オーバーフロー管	ステンレス製（既製品）
金属製笠木	アルミ製またはステンレス製（既製品）
断熱材	硬質ウレタンフォーム断熱材
外断熱材	押出発泡ポリスチレン板打込み，または現場発泡ウレタンフォーム吹付け
内断熱材	建築物断熱用吹付け硬質ウレタンフォーム

シート防水（外断熱／合成高分子系ルーフィングシート防水） 104-10 屋 上

縮尺＝1/10

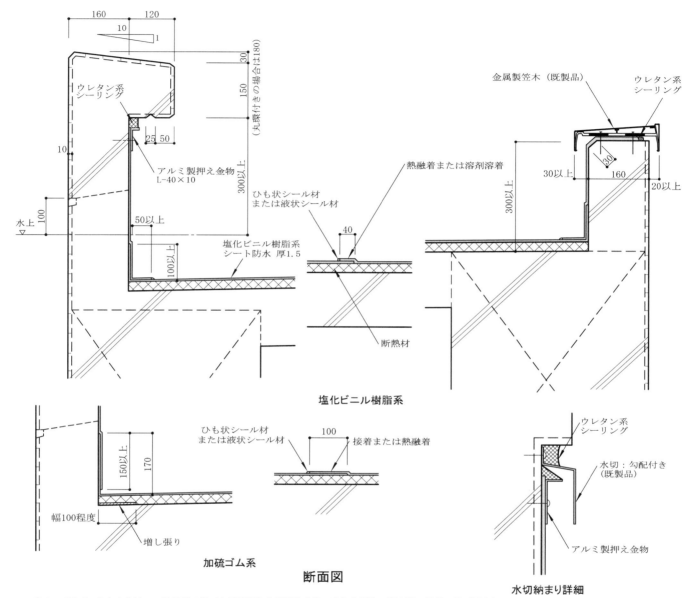

塩化ビニル樹脂系

加硫ゴム系

断面図

水切納まり詳細

注1：パラペット立上りは，一般屋根スラブと同時打ちを原則とする。やむを得ない場合は，屋根スラブ面より水上で100mm程度立ち上げておき，パラペットをあと打ちにする。
注2：外壁がコンクリート打放しの場合は，パラペット天端をコンクリート直押えとする。
注3：外壁のひび割れ誘発目地はパラペットの内外までまわし，シーリングは特に入念に行う（防水部分は貧調合モルタル充填，@1,500mm
注4：防水立上り端部は，押え金物留めとする。
注5：横型ルーフドレンを設置する部分の梁，天端を少し下げる（40～50mm程度）。
注6：下地の湿気の気化膨張による防水層のふくれを防止するため，脱気装置を設ける場合がある（25～100㎡/1カ所）。
注7：オーバーフロー管は，屋根面積が小さく（ペントハウス屋上など），ルーフドレンが1カ所の場合には必ず設置する（104-6参照）。

摘　要

コンクリートスラブ	表面は金ごて仕上げ，勾配は1/50を標準とする。
シート防水層	JIS A 6008の適合品とする。
押え金物	ステンレスまたはアルミのL形状の既製品。アンカーは彫込みアンカーまたはカールプラグ，間隔400～450 mm
オーバーフロー管	ステンレス製（既製品）
金属製笠木	アルミ製またはステンレス製（既製品）
断熱材	硬質ポリウレタンフォーム断熱材

出入口

104-11 屋　上

縮尺＝1/10

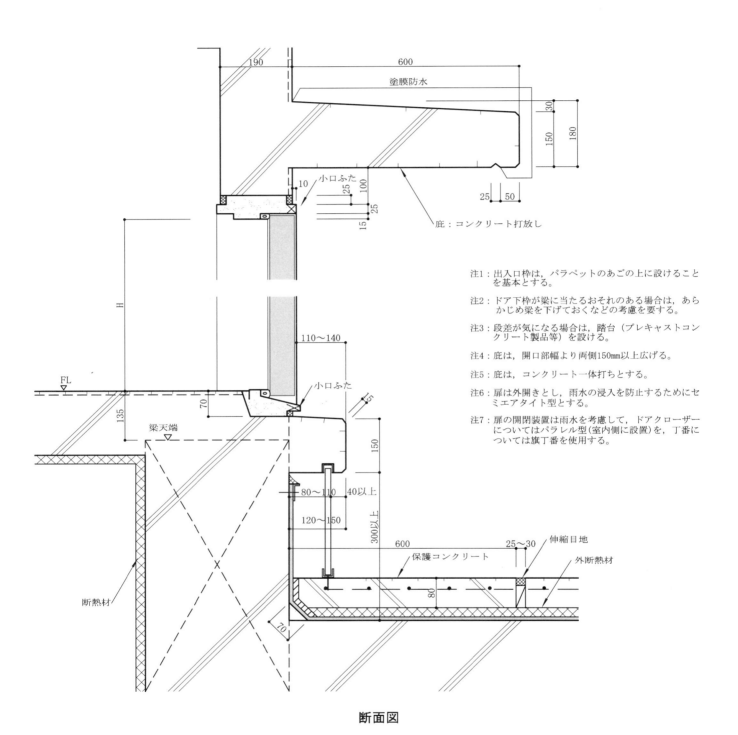

注1：出入口枠は，パラペットのあごの上に設けることを基本とする。
注2：ドア下枠が梁に当たるおそれのある場合は，あらかじめ梁を下げておくなどの考慮を要する。
注3：段差が気になる場合は，踏台（プレキャストコンクリート製品等）を設ける。
注4：庇は，開口部幅より両側150mm以上広げる。
注5：庇は，コンクリート一体打ちとする。
注6：扉は外開きとし，雨水の浸入を防止するためにセミエアタイト型とする。
注7：扉の開閉装置は雨水を考慮して，ドアクローザーについてはパラレル型（室内側に設置）を，丁番については旗丁番を使用する。

断面図

丸　環

縮尺＝1/5

104-12 屋　上

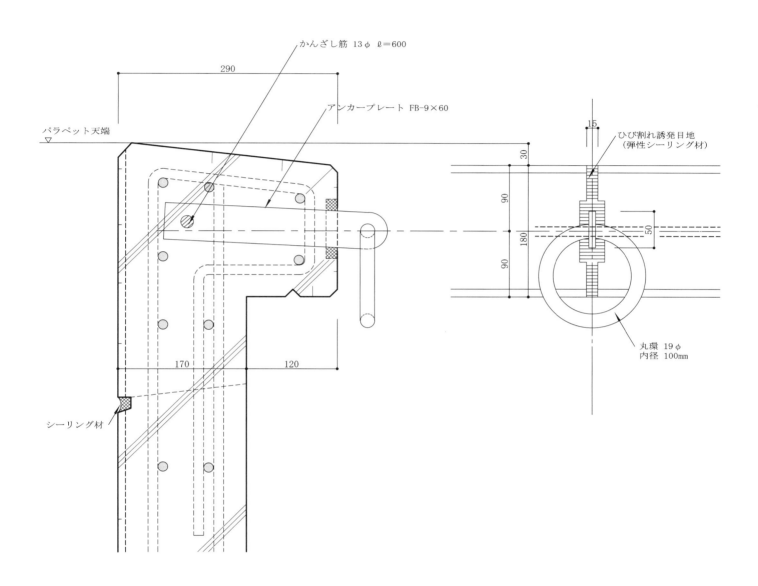

断面図

注1：取付け間隔は誘発目地に合わせる。
注2：防水層を貫通する所に取り付けてはならない。
注3：取付けに際しては，水平または内勾配とする。

摘　要

材料 弾性シーリング材	ステンレス製（SUS 304）既製品を使用することが多い。 ポリサルファイド系，変成シリコーン系

タラップ

104-13 屋上

縮尺＝1/10

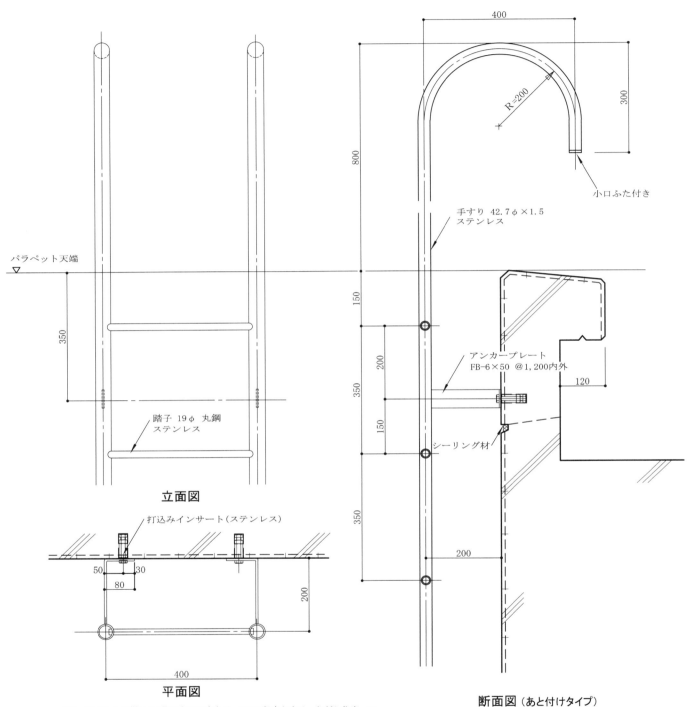

立面図

平面図

断面図（あと付けタイプ）

注1：床面から足掛かり1段目までの高さは，600mm程度とする。ただし住宅，マンション等で，児童が侵入するおそれのある場合は 1,500mm程度とする。
注2：アンカープレート回りは弾性シーリング材を施す。
注3：特に安全を考慮する場合は安全ガード付きを使用する。

摘要

材料	ステンレス製（SUS 304）または鋼製（亜鉛めっき処理）
弾性シーリング材	ポリサルファイド系，変成シリコーン系

手すり

縮尺＝1/10

104-14 屋　上

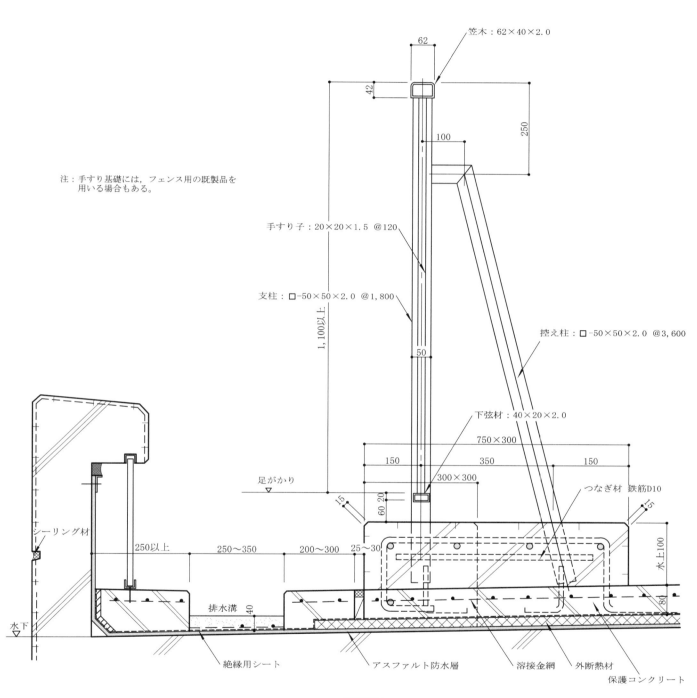

断面図

摘　要	
材料	アルミ製（陽極酸化皮膜）または，ステンレス製（SUS 304）ヘアライン仕上げ
取付け	防水施工後，基礎の配筋を行い，押えコンクリートを打設する。その後手すりを設置し，基礎コンクリートを打設する。

鳩小屋

104-15 屋　上

縮尺＝1/20, 1/5

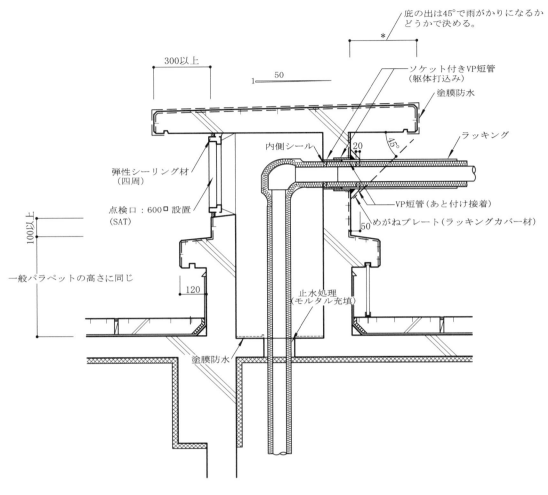

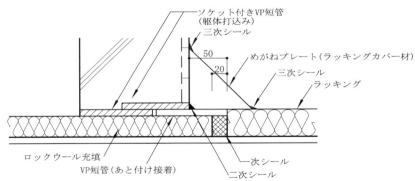

配管取出し部

注1：パイプスペース内は，保温作業などのできる寸法を確保する。
注2：配管用壁貫通部は，塩ビ管ソケット打ち込みのうえ，弾性シーリング材を施し，内・外部とも保温材を巻く。
注3：屋根勾配は配管取出し面を水上とする。
注4：点検口は，セミエアタイトとする。
注5：庇は原則，四方にまわす。

摘　要

弾性シーリング材 塗膜防水	ポリサルファイド系，変性シリコーン系 ウレタン系，アクリルゴム系。水切り目地の角までまわす。

設備用機器基礎

104-16 屋 上

縮尺＝1/20, 1/5

注1：屋上に重量機器が設置される場合は，構造計画段階から検討し，必要な小梁または補強筋等を配置する。
注2：重量設備機器とは，一般に次のようなものである。
　　・大型クーリングタワー
　　・受水槽
　　・キュービクル他
注3：鋼製架台，アンカーボルトの径および本数，ダブルナット，防振架台，ゴムパッドなどは，設備機器の用途，設置環境などに応じて検討する。
注4：特殊な機器については，「建築設備耐震設計施工指針」を参照のこと。
注5：11階以上に設けるクーリングタワーについては，建築基準法施行令第129条の2の4，および同法施工法に基づく告示の定めるところにより据え付ける。
注6：屋上配管の支持は，防水層に支障がないように施工する。
注7：基礎の配置は，原則として屋上水勾配に平行とする。

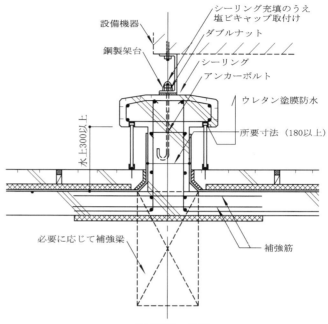

重量機器の基礎

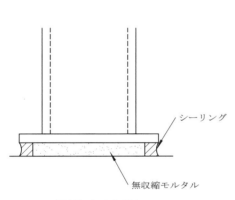

鋼製架台脚部詳細

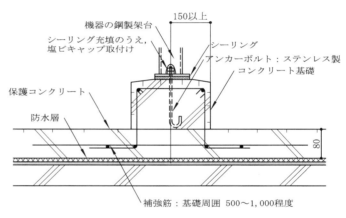

軽量機器の基礎

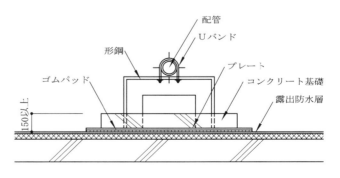

屋上ころがし配管基礎

断面図

内部開口

105	内部開口	
—1	扉枠—1（木製／コンクリート壁下地）	68
—2	扉枠—2（木製／鋼製壁下地）	69
—3	扉枠—3（鋼製／コンクリート壁下地）	70
—4	扉枠—4（鋼製／鋼製壁下地）	71
—5	扉枠—5（常時開放型防火扉 90°開き）	72
—6	扉枠—6（常時開放型防火扉 180°開き）	73
—7	扉枠—7（防音扉）	74
—8	くつずり	75
—9	シャッター—1（防火・防煙シャッター）	76
—10	シャッター—2（防火・防煙シャッター）	77

- 室別
- 壁天井下地
- 外壁
- 屋上
- 内部開口
- 外部開口
- 階段
- 便所
- 湯沸室・厨房・シャワー室
- 和室
- 内部雑
- 外部雑・外構
- 附表

扉枠—1（木製／コンクリート壁下地）

105-1 内部開口

縮尺＝1/3, 1/5

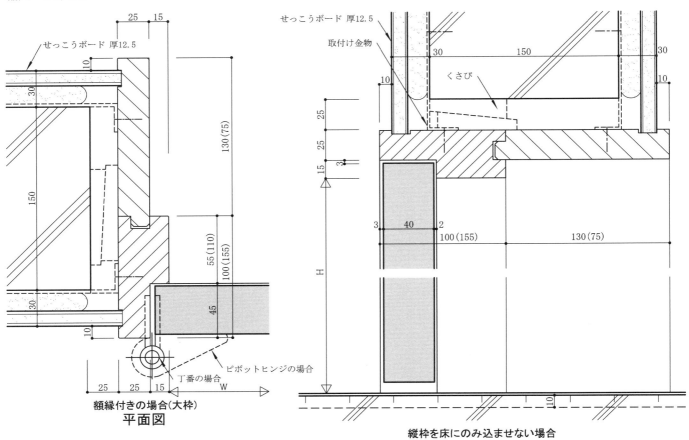

断面図

注：縦枠を床にのみ込ませない場合は、縦枠の足元の取付けアンカーをコンクリート床面から30mm程度の高さで固定すること。

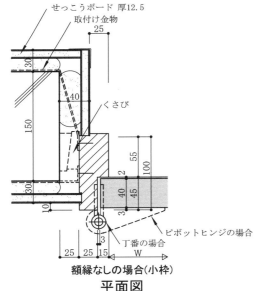

額縁なしの場合（小枠）
平面図

摘要

取付け	木枠に木ねじで450 mm 間隔程度に留め付けた鋼板 厚1.2×16（亜鉛めっき処理）を、コンクリート釘と接着剤を併用して躯体に留め付ける。
吊り元枠	不透明塗装……ひのき、ひば、米ひば、米ひ等 透明塗装……たも等
上枠・縦枠	不透明塗装……つが、スプルース等 透明塗装……たも等
くさび	すぎ、ラワン、堅木類（取付け金物の箇所に設ける） 　横方向の間隔……端部 100～150 mm，中央部 450 mm 　縦方向の間隔……上部 100～150 mm，下部 100～150 mm（縦枠を床にのみ込ませない場合 30 mm），中央部 450 mm
建具金物	メーカーにより各種ある。

扉枠―2（木製／鋼製壁下地） 105-2 内部開口

縮尺＝1/3

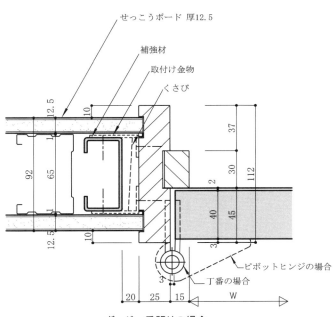

ボード一重張りの場合

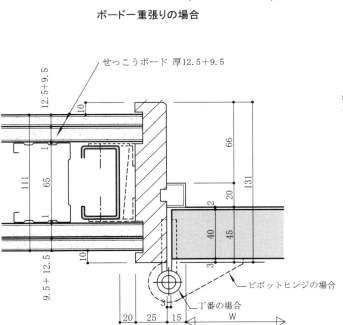

ボード二重張りの場合

平面図

縦枠を床にのみ込ませない場合
断面図

注1：鋼製下地の見込み寸法およびボード等の厚さによって，枠見込み寸法を調整する。
注2：鋼製壁下地については，102-1参照。
注3：丁番に代えて，ピボットヒンジを使うこともある。
注4：縦枠を床にのみ込ませない場合は，縦枠の足元の取付けアンカーをコンクリート床面から30mm程度の高さで固定すること。

摘　要

取付け	木枠に木ねじで450mm間隔程度に留め付けた鋼板 厚1.2×16（亜鉛めっき処理）を，鉄骨補強材にタッピングねじで留め付ける。
吊り元枠	不透明塗装……ひのき，ひば，米ひば，米ひ等 透明塗装……たも等
上枠・縦枠	不透明塗装……つが，スプルース等 透明塗装……たも等
くさび	すぎ，ラワン，堅木類（取付け金物の箇所に設ける） 　横方向の間隔……端部100〜150mm，中央部450mm 　縦方向の間隔……上部100〜150mm，下部100〜150mm（縦枠を床にのみ込ませない場合30mm），中央部450mm
建具金物	メーカーにより各種ある。

扉枠—3（鋼製／コンクリート壁下地）

105-3 内部開口

縮尺＝1/3，1/5

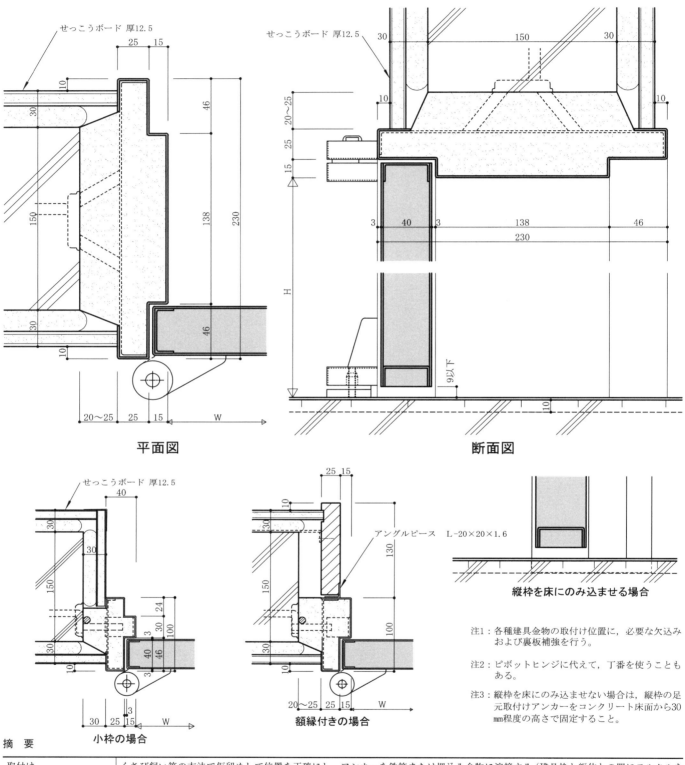

摘要	
取付け	くさび飼い等の方法で仮留めして位置を正確にし，アンカーを鉄筋または埋込み金物に溶接する（建具枠と躯体との間にモルタルを充填する）。
材料	表面処理亜鉛めっき鋼板 厚1.6 mm
さび止め	JPMS 28
建具金物	メーカーにより各種ある。
戸当りゴム	戸当りゴムは，片開きの場合には縦枠，両開きの場合には上枠に取り付ける。

扉枠—4（鋼製／鋼製壁下地）　　105-4 内部開口

縮尺＝1/3

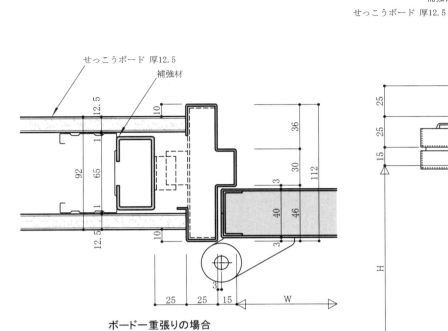

ボード一重張りの場合

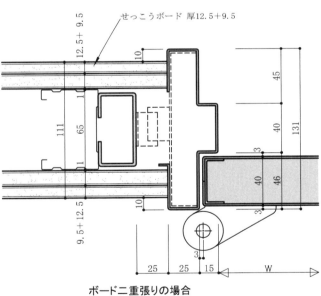

ボード二重張りの場合

平面図

縦枠を床にのみ込ませない場合

縦枠を床にのみ込ませる場合

断面図

注1：鋼製下地の見込み寸法およびボード等の厚さによって，枠見込み寸法を調整する。
注2：鋼製壁下地については，102-1参照。
注3：ピボットヒンジに代えて，丁番を使うこともある。
注4：縦枠を床にのみ込ませない場合は，縦枠の足元取付けアンカーをコンクリート床面から30mm程度の高さで固定すること。

摘要

取付け	くさび飼い等の方法で仮留めして位置を正確にし，アンカーを鉄筋または鉄骨補強材に溶接する。
材料	表面処理亜鉛めっき鋼板 厚1.6mm
さび止め	JPMS 28
建具金物	メーカーにより各種ある。
戸当りゴム	戸当りゴムは，片開きの場合には縦枠，両開きの場合には上枠に取り付ける。

扉枠—5（常時開放型防火扉 90°開き） 105-5 内部開口

縮尺＝1/3, 1/5

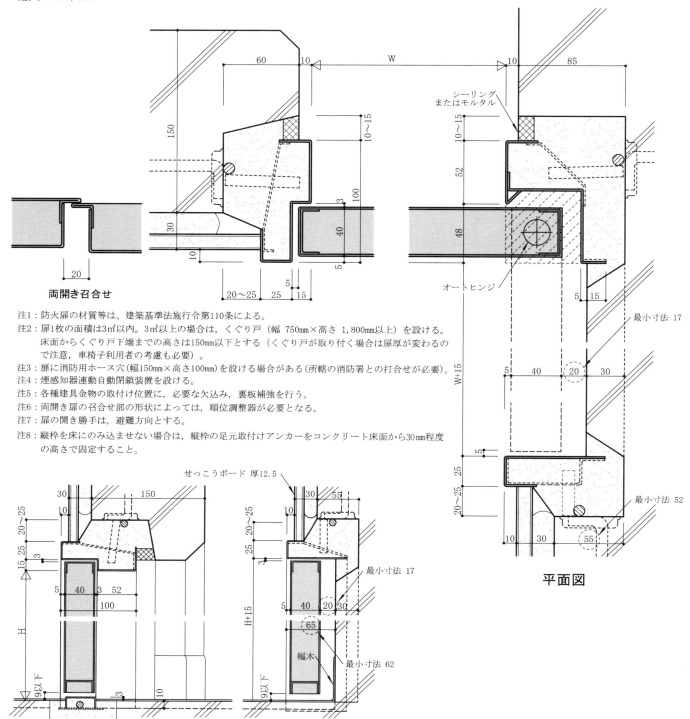

注1：防火扉の材質等は、建築基準法施行令第110条による。
注2：扉1枚の面積は3㎡以内。3㎡以上の場合は、くぐり戸（幅750mm×高さ1,800mm以上）を設ける。床面からくぐり戸下端までの高さは150mm以下とする（くぐり戸が取り付く場合は扉厚が変わるので注意，車椅子利用者の考慮も必要）。
注3：扉に消防用ホース穴（幅150mm×高さ100mm）を設ける場合がある（所轄の消防署との打合せが必要）。
注4：煙感知器連動自動閉鎖装置を設ける。
注5：各種建具金物の取付け位置に，必要な欠込み，裏板補強を行う。
注6：両開き扉の召合せ部の形状によっては，順位調整器が必要となる。
注7：扉の開き勝手は，避難方向とする。
注8：縦枠を床にのみ込ませない場合は，縦枠の足元取付けアンカーをコンクリート床面から30mm程度の高さで固定すること。

摘 要

取付け	くさび飼い等の方法で仮留めして位置を正確にし，アンカーを鉄筋または埋込み金物に溶接する（建具枠と躯体との間にモルタルを充填する）。
材料	表面処理亜鉛めっき鋼板 厚1.6mm・2.3mm
さび止め	JPMS 28
建具金物	メーカーにより各種ある。

扉枠—6（常時開放型防火扉 180°開き） 105-6 内部開口

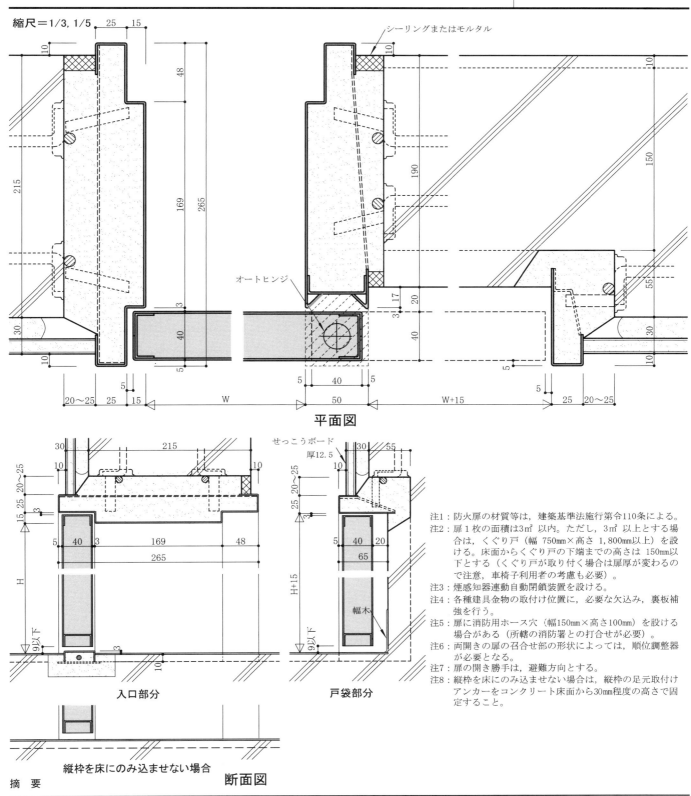

摘要	
取付け	くさび飼い等の方法で仮留めして位置を正確にし，アンカーを鉄筋または埋込み金物に溶接する（建具枠と躯体との間にモルタルを充填する）。
材料	表面処理亜鉛めっき鋼板 厚1.6mm
さび止め	JPMS 28
建具金物	メーカーにより各種ある。

注1：防火扉の材質等は，建築基準法施行令第110条による。
注2：扉1枚の面積は3㎡以内。ただし，3㎡以上とする場合は，くぐり戸（幅750mm×高さ1,800mm以上）を設ける。床面からくぐり戸の下端までの高さは150mm以下とする（くぐり戸が取り付く場合は扉厚が変わるので注意，車椅子利用者の考慮も必要）。
注3：煙感知器連動自動閉鎖装置を設ける。
注4：各種建具金物の取付け位置に，必要な欠込み，裏板補強を行う。
注5：扉に消防用ホース穴（幅150mm×高さ100mm）を設ける場合がある（所轄の消防署との打合せが必要）。
注6：両開きの扉の召合せ部の形状によっては，順位調整器が必要となる。
注7：扉の開き勝手は，避難方向とする。
注8：縦枠を床にのみ込ませない場合は，縦枠の足元取付けアンカーをコンクリート床面から30mm程度の高さで固定すること。

扉枠—7（防音扉）　105-7 内部開口

縮尺＝1/3, 1/5

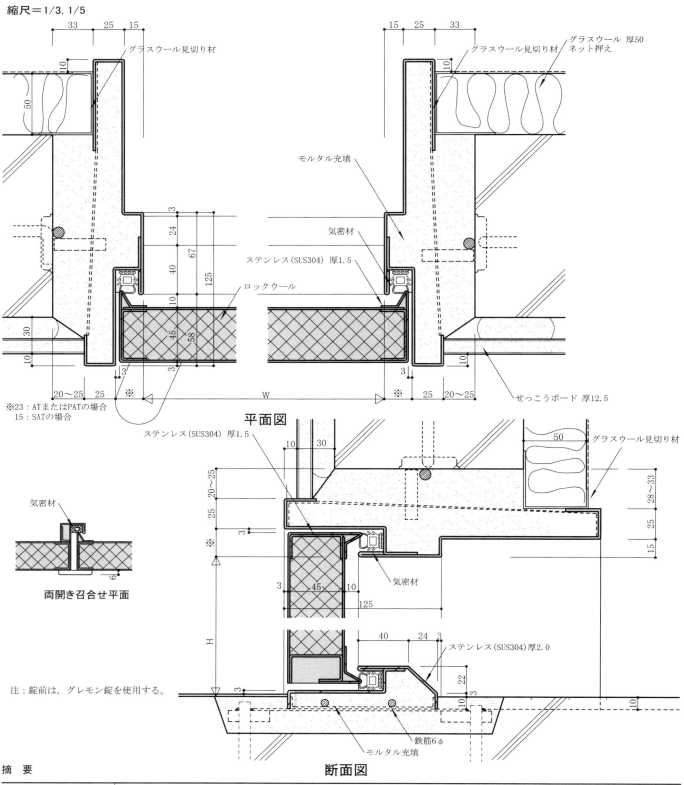

平面図

両開き召合せ平面

注：錠前は，グレモン錠を使用する。

断面図

※23：ATまたはPATの場合
15：SATの場合

摘要

取付け	くさび飼い等の方法で仮留めして位置を正確にし，アンカーを鉄筋または埋込み金物に溶接する（建具枠と躯体との間にモルタルを充填する）。
扉枠	表面処理亜鉛めっき鋼板 厚 1.6 mm・2.0 mm
さび止め	JPMS 28
充填材	グラスウール 32 kg/m³ 以上またはロックウール 40 kg/m³ 以上
気密材	クロロプレンゴム（押出成形型ソリッドタイプ）
建具金物	メーカーにより各種ある。
防音扉遮音性能（dB）	PAT（完全エアタイト）……　125 Hz　　500 Hz　　2 kHz AT（エアタイト）…………　23　　　　33　　　　32 SAT（セミエアタイト）……　22　　　　30　　　　26

くつずり

105-8 内部開口

縮尺＝1/3

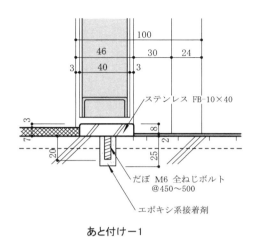

あと付けー1　　　　　　　　　あと付けー2

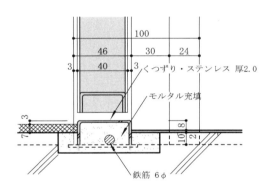

先付けー1

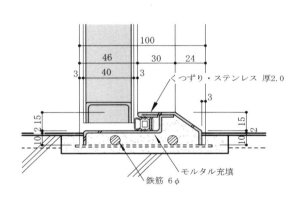

先付けー2

断面図

注1：コンクリート直押えの床にくつずりをあと付けする場合，縦枠の下端はスラブ上端までとし，躯体への
　　のみ込みは行わない。ただし，親子扉，両開き扉については，フランス落し用の受け金物が必要。
　　また，縦枠の下端アンカーはコンクリート天端より30mm程度の高さで固定する。
注2：コンクリート床レベルの精度が悪いと，納まりが悪くなる。
注3：あと付けFBは，開口有効幅が1,200mm以下の場合に適用する（面取りを忘れないように）。

摘要

取付け（あと付け）	床面に，13φのドリルでだぼ穴を端部から100 mm以内，かつ450～550 mm間隔であけ，ここにエポキシ系接着剤を流し込む。また，くつずりの下端にエポキシ系接着剤を塗布した後に，だぼ穴に差し込んで固定する。
〃（先付け）	くつずりは裏面にモルタルを充填し，コンクリートの欠込み部分へ設置する。
くつずり	ステンレス（SUS 304）ヘアライン仕上げ

シャッター―1（防火・防煙シャッター）

105-9 内部開口

縮尺＝1/50

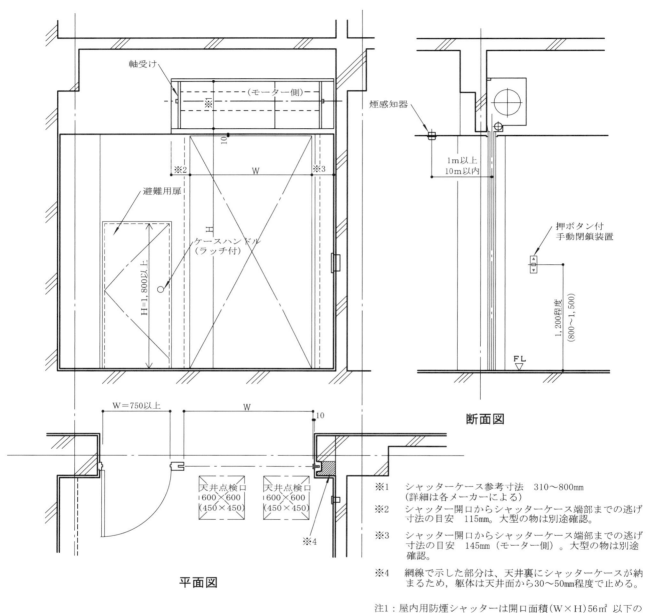

断面図

平面図

※1 シャッターケース参考寸法　310～800mm
　　（詳細は各メーカーによる）
※2 シャッター開口からシャッターケース端部までの逃げ
　　寸法の目安　115mm。大型の物は別途確認。
※3 シャッター開口からシャッターケース端部までの逃げ
　　寸法の目安　145mm（モーター側）。大型の物は別途
　　確認。
※4 網線で示した部分は、天井裏にシャッターケースが納
　　まるため、躯体は天井面から30～50mm程度で止める。

注1：屋内用防煙シャッターは開口面積(W×H)56㎡以下の
　　 範囲で適用可。ただし、大臣認定範囲で最大寸法は各
　　 メーカーにより異なる。
注2：プラン上防火・防煙シャッターに近接して、常時閉鎖
　　 式の避難用扉を設けなければならない場合もある。
注3：エレベーター空間認定に該当する場合はW5,000mm以下。

摘　要

スラット・シャッターケース	表面処理亜鉛めっき鋼板 厚1.6mm・2.3mm
さび止め	JPMS 28
ガイドレール	ステンレス（SUS 304）厚1.5mm，ヘアラインまたは磨き仕上げ ただし，露出型の場合はステンレス（SUS 304）厚2.0mm
建具金物	メーカーにより各種ある。

シャッター—2（防火・防煙シャッター） 105-10 内部開口

縮尺＝1/3

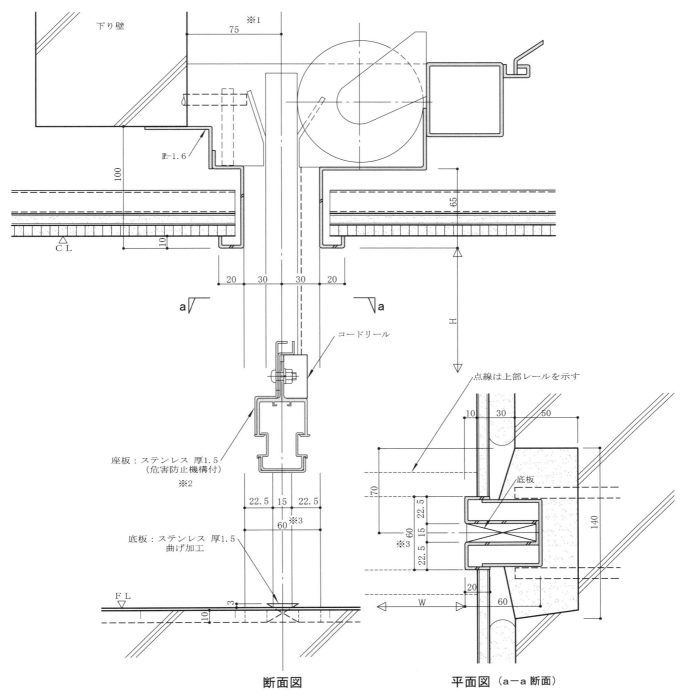

断面図　　　平面図（a-a 断面）

注：常時開閉しない場合は，スラットに塗装を施さず，溶融亜鉛めっきのままとしたほうがよい。
※1・2：シャッター芯はメーカーにより変わるため注意すること。
※3：縦枠のレール見付寸法は，各メーカーにより異なる。

摘　要

ガイドレール	ステンレス（SUS 304）厚 1.5 mm　ヘアラインまたは磨き仕上げ（設計図書による）
底板	ステンレス（SUS 304）厚 1.5 mm　ヘアライン仕上げ
まぐさ・座板	ステンレス（SUS 304）厚 1.5 mm　ヘアラインまたは磨き仕上げ
建具金物	メーカーにより各種ある。

外部開口

106 外部開口
- —1 アルミサッシ—1（外壁／コンクリート化粧打放し） 80
- —2 アルミサッシ—2（外壁／タイル張り） 81
- —3 アルミサッシ—3（サッシ面と外壁タイル面が同一の場合） 82
- —4 アルミサッシ—4（ガラリ） 83
- —5 鋼製ドア—1 84
- —6 鋼製ドア—2 85
- —7 鋼製ドア—3 86

| 室　別 |
| 壁天井下地 |
| 外　壁 |
| 屋　上 |
| 内部開口 |
| 外部開口 |
| 階　段 |
| 便　所 |
| 湯沸室・厨房・シャワー室 |
| 和　室 |
| 内部雑 |
| 外部雑・外構 |
| 附　表 |

アルミサッシ―1（外壁／コンクリート化粧打放し） 106-1 外部開口

縮尺＝1/3

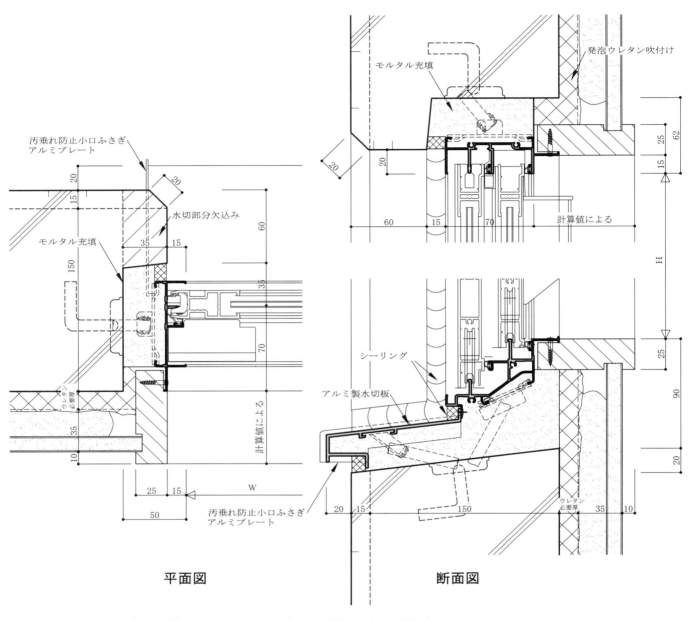

平面図　　　断面図

注：サッシ下枠水切形状は，メーカーにより躯体までの逃げ寸法が違うので確認が必要。

摘要

取付け	くさび飼い等の方法で仮留めして位置を正確にし，サッシアンカーを鉄筋または埋込み金物に溶接する（サッシ枠と躯体との間に防水モルタルを充填する）。
シーリング材	コンクリート躯体とサッシ（材表面塗装あり）：ポリウレタン系 （　〃　　なし）：変成シリコーン系
サッシアンカー	端部100〜150 mm，中央部450 mm間隔
アルミ表面処理	陽極酸化皮膜および透明合成樹脂塗料（アクリル系）
小ねじ類	ステンレス（SUS 304または305）……メーカーにより異なる。

アルミサッシ—2（外壁／タイル張り）　　106-2 外部開口

縮尺＝1/3

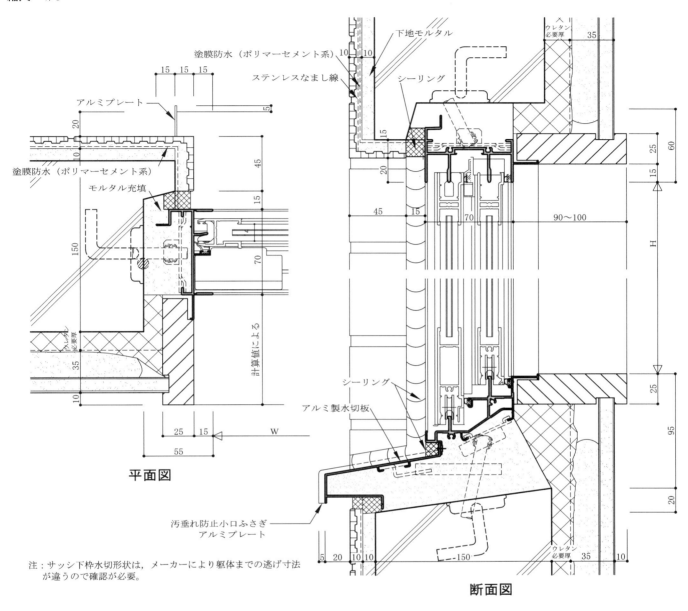

平面図

断面図

注：サッシ下枠水切形状は，メーカーにより躯体までの逃げ寸法が違うので確認が必要。

摘要

取付け	くさび飼い等の方法で仮留めして位置を正確にし，サッシアンカーを鉄筋または埋込み金物に溶接する（サッシ枠と躯体との間に防水モルタルを充填する）。
シーリング	コンクリート躯体とサッシ（材表面塗装あり）：ポリウレタン系 　　　〃　　　　（　〃　　なし）：アクリルウレタン系・ポリサルファイド系・変成シリコーン系
サッシアンカー	端部 100～150 mm，中央部 450 mm 間隔
ステンレスなまし線	径 0.8 mm 以上
防水剤	けい酸質系塗布防水
アルミ表面処理	陽極酸化皮膜および透明合成樹脂塗料（アクリル系）
小ねじ類	ステンレス（SUS 304 または 305）……メーカーにより異なる。

アルミサッシ―3（サッシ面と外壁タイル面が同一の場合） | 106-3 外部開口

縮尺＝1/3

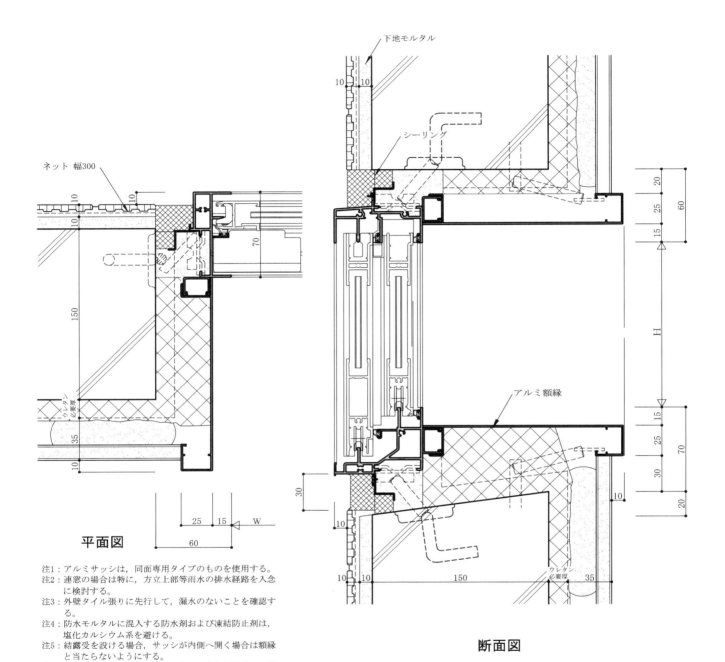

平面図

断面図

注1：アルミサッシは，同面専用タイプのものを使用する。
注2：連窓の場合は特に，方立上部等雨水の排水経路を入念に検討する。
注3：外壁タイル張りに先行して，漏水のないことを確認する。
注4：防水モルタルに混入する防水剤および凍結防止剤は，塩化カルシウム系を避ける。
注5：結露受を設ける場合，サッシが内側へ開く場合は額縁と当たらないようにする。
注6：サッシ下枠水切形状は，メーカーにより躯体までの逃げ寸法が違うので確認が必要。
注7：サッシ取付けのための欠込みを設ける場合は，型枠材に剥離剤等を塗り，脱型しやすくする（躯体あごを壊さないため）。

摘 要

取付け	くさび飼い等の方法で仮留めして位置を正確にし，サッシアンカーを鉄筋または埋込み金物に溶接する（サッシ枠と躯体との間に防水モルタルを充填する）。
シーリング	コンクリート躯体とサッシ（材表面塗装あり）：ポリウレタン系 〃　　　　　（　〃　なし）：アクリルウレタン系・ポリサルファイド系・変成シリコーン系 フラッシング部：ポリウレタン系（ただし，連窓の場合は変成シリコーン系）
サッシアンカー	端部100～150 mm，中央部450 mm間隔
アルミ表面処理	陽極酸化皮膜および透明合成樹脂塗料（アクリル系）
小ねじ類	ステンレス（SUS 304または305）……メーカーにより異なる。

アルミサッシ—4（ガラリ）

106-4 外部開口

縮尺＝1/3

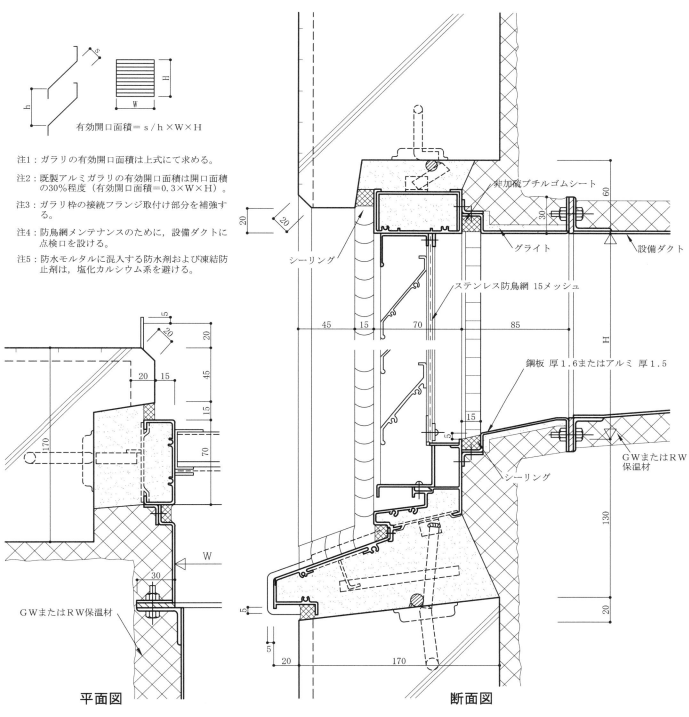

有効開口面積＝$s/h \times W \times H$

注1：ガラリの有効開口面積は上式にて求める。
注2：既製アルミガラリの有効開口面積は開口面積の30％程度（有効開口面積＝$0.3 \times W \times H$）。
注3：ガラリ枠の接続フランジ取付け部分を補強する。
注4：防鳥網メンテナンスのために，設備ダクトに点検口を設ける。
注5：防水モルタルに混入する防水剤および凍結防止剤は，塩化カルシウム系を避ける。

平面図　　断面図

摘要

取付け	くさび飼い等の方法で仮留めして位置を正確にし，サッシアンカーを鉄筋または埋込み金物に溶接する（サッシ枠と躯体との間に防水モルタルを充填する）。
シーリング	コンクリート躯体とサッシ（材表面塗装あり）：ポリウレタン系 　〃　　　　　　　　（　〃　　なし）：アクリルウレタン系・ポリサルファイド系・変成シリコーン系
サッシアンカー	端部100〜150 mm，中央部450 mm間隔
ステンレスなまし線	径0.8 mm以上
アルミ表面処理	陽極酸化皮膜および透明合成樹脂塗料（アクリル系）
小ねじ類	ステンレス（SUS 304または305）……メーカーにより異なる。
ガラリ面風速	給気3 m/sec以下，排気4 m/sec以下

鋼製ドア―1　　106-5 外部開口

縮尺＝1/3

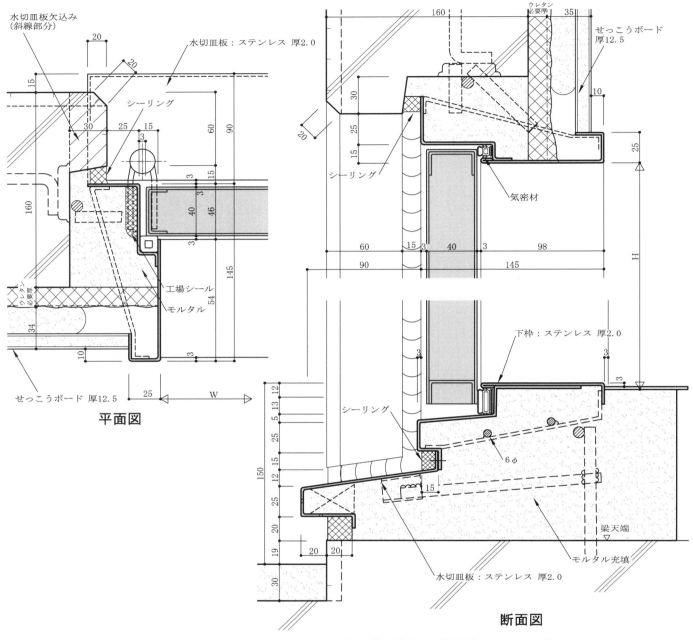

平面図

断面図

注1：下枠の裏面には，取付け前にモルタルを充填する。
注2：下枠が梁に当たるおそれのある場合は，梁をあらかじめ下げておく。
注3：ドアクローザーはパラレル型室内取付けタイプを使用する。
注4：水切皿板の出が大きくなる場合は，ステンレス縞鋼板を使用することが望ましい。
注5：吊り金物は旗丁番を使用する（ピボットヒンジは雨掛かり箇所での使用不可）。

摘　要

取付け	くさび飼い等の方法で仮留めして位置を正確にし，サッシアンカーを鉄筋または埋込み金物に溶接する（サッシ枠と躯体との間にモルタルを充填する）。
ドア枠	表面処理亜鉛めっき鋼板（亜鉛の付着量：両面で 120 g/m² 以上）厚 1.6 mm（開口幅 950 mm 以上，高さ 2,100 mm を超える場合，特記がない限り，強度に問題がない分は大きさに応じ補強する）
シーリング	変成シリコーン系
気密材	クロロプレンゴム（形状はサッシメーカーによる）
さび止め	JPMS 28
建具金物	メーカーにより各種ある。
丁番	旗丁番

鋼製ドア－2　　106-6 外部開口

縮尺＝1/3

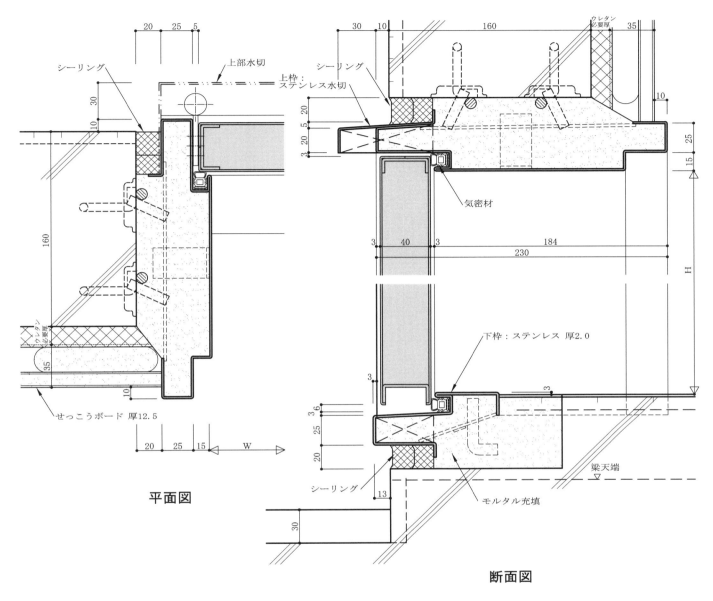

平面図

断面図

注1：下枠の裏面には，取付け前にモルタルを充填する。
注2：下枠が梁に当たるおそれのある場合は，梁をあらかじめ下げておく。
注3：ドアクローザーはパラレル型室内取付けタイプを使用する。
注4：吊り金物は旗丁番を使用する（ピボットヒンジは雨掛かり箇所での使用不可）。
注5：外部に面するSDの上枠にステンレス水切を設ける。

摘　要

取付け	くさび飼い等の方法で仮留めして位置を正確にし，アンカーを鉄筋または埋込み金物に溶接する（建具枠と躯体との間に防水モルタルを充填する）。
ドア枠	表面処理亜鉛めっき鋼板（亜鉛の付着量：両面で 120 g/m² 以上）厚 1.6 mm（開口幅 950 mm 以上，高さ 2,100 mm を超える場合，特記がない限り，強度に問題がない分は大きさに応じ補強する）
シーリング	変成シリコーン系
気密材	クロロプレンゴム（形状はサッシメーカーによる）
さび止め	JPMS 28
建具金物	メーカーにより各種ある。
丁番	旗丁番

鋼製ドア－3　　106-7 外部開口

縮尺＝1/3

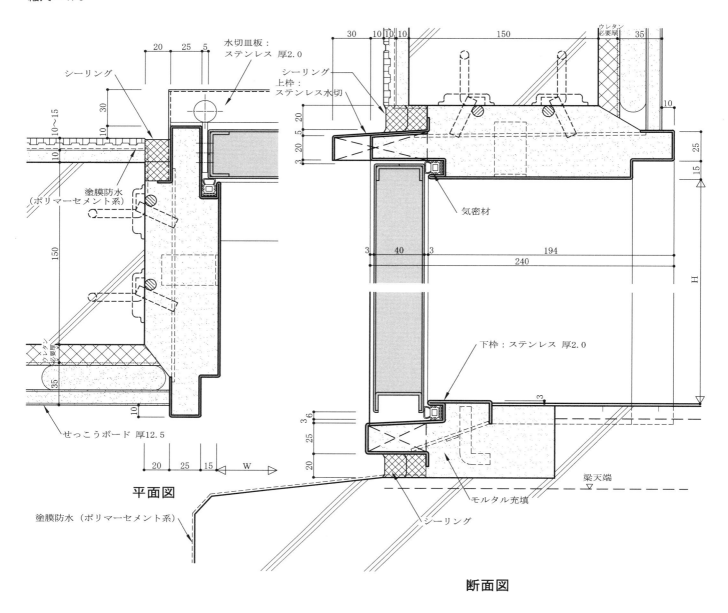

平面図

断面図

注1：屋上出入口は，防水あごに設けることが望ましい。
注2：下枠の裏面には，取付け前にモルタルを充填する。
注3：下枠が梁に当たるおそれのある場合は，梁をあらかじめ下げておく。
注4：ドアクローザーはパラレル型室内取付けタイプを使用する。
注5：吊り金物は旗丁番を使用する（ピボットヒンジは雨掛かり箇所での使用不可）。
注6：外部に面するSDの上枠にステンレス水切を設ける。

摘　要

取付け	くさび飼い等の方法で仮留めして位置を正確にし，アンカーを鉄筋または埋込み金物に溶接する（建具枠と躯体との間に防水モルタルを充填する）。
ドア枠	表面処理亜鉛めっき鋼板（亜鉛の付着量：両面で 120 g/m² 以上）厚 1.6 mm（開口幅 950 mm 以上，高さ 2,100 mm を超える場合，特記がない限り，強度に問題がない分は大きさに応じ補強する）
シーリング	変成シリコーン系
気密材	クロロプレンゴム（形状はサッシメーカーによる）
さび止め	JPMS 28
建具金物	メーカーにより各種ある。
丁番	旗丁番

階段

107 階 段	
—1 内部階段—1（鉄筋コンクリート造）	88
—2 内部階段—2（鉄筋コンクリート造）	89
—3 内部階段—3（鉄骨造）	90
—4 外部階段—1（鉄筋コンクリート造）	91
—5 外部階段—2（鉄骨造）	92
—6 チェックポイント—1	93
—7 チェックポイント—2	94

- 室 別
- 壁天井下地
- 外 壁
- 屋 上
- 内部開口
- 外部開口
- **階 段**
- 便 所
- 湯沸室・厨房・シャワー室
- 和 室
- 内部雑
- 外部雑・外構
- 附 表

内部階段—1（鉄筋コンクリート造） 107-1 階 段

縮尺＝1/10

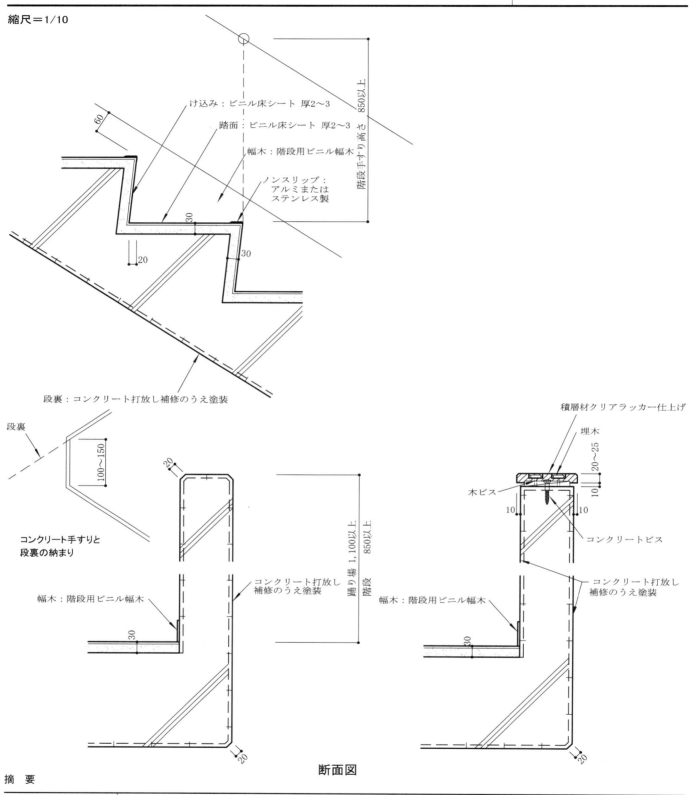

断面図

摘　要	
取付け（笠木）	コンクリートビスにて下地材を固定し，笠木をかぶせ，木ビスにて固定する。
〃　（ノンスリップ）	コンクリート用タッピングねじまたは木ねじプラグ留めとし，酢酸ビニル樹脂系接着剤を併用して留め付ける。

内部階段—2（鉄筋コンクリート造）

107-2 階段

縮尺＝1/10

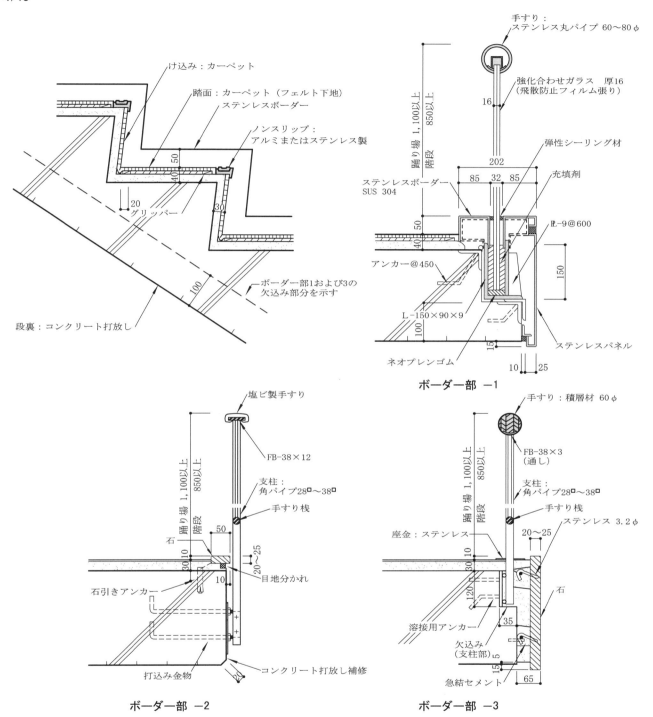

ボーダー部 —1

ボーダー部 —2

ボーダー部 —3

摘　要	
取付け（ガラス手すり）	躯体に緊結した金物にガラスを差し込み，充填剤（二液性硬質発泡ウレタン樹脂）で固定する。
〃　　（パイプ手すり）	躯体に打ち込んだ溶接用アンカーに，手すり支柱を2点溶接留めとする。
〃　　（ノンスリップ）	コンクリート用タッピングねじまたは木ねじプラグ留めとし，酢酸ビニル樹脂系接着剤を併用して留め付ける。
手すり	設計グレードをもとに強度検討が必要。

内部階段—3（鉄骨造）

107-3 階 段

縮尺＝1/10

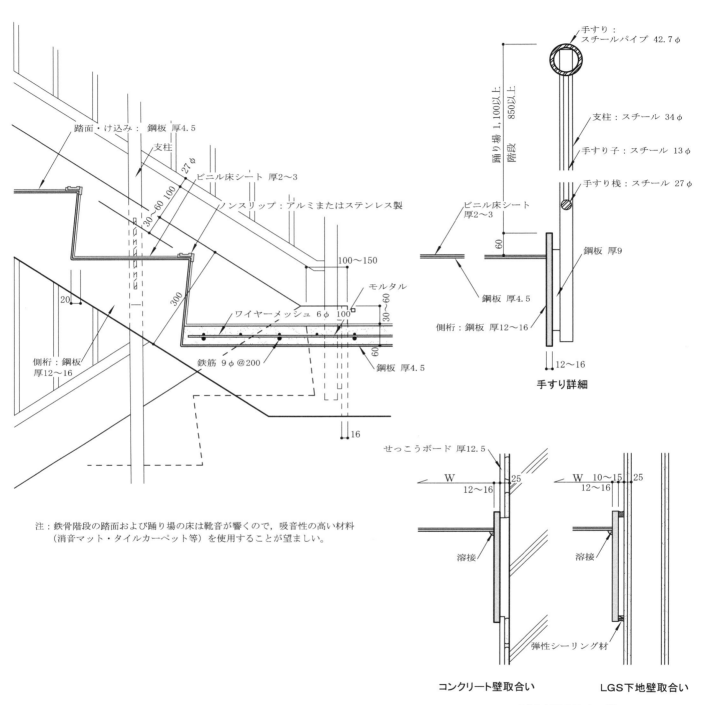

注：鉄骨階段の踏面および踊り場の床は靴音が響くので，吸音性の高い材料（消音マット・タイルカーペット等）を使用することが望ましい。

摘 要

取付け（手すり）	支柱に溶接した鋼板（厚9 mm）を，ささら桁に溶接留めとする。
〃 （ノンスリップ）	アルミリベット留めとし，酢酸ビニル樹脂系接着剤を併用して留め付ける。
工法（踏面・け込み）	JIS A 5536 に適合するビニル床シート用接着剤（酢酸ビニル樹脂系，ビニル共重合樹脂系等）を用いて接着する。湿気および水の影響を受けやすい箇所はエポキシ樹脂系を使用する。
〃 （踊り場）	9φの鉄筋を200 mm間隔で床板に溶接し，ワイヤーメッシュを点付け溶接のうえモルタルを塗り，踏面およびけ込みと同様の接着剤にてビニル床シートを張り付ける。
手すり	設計グレードをもとに強度検討が必要。

外部階段—1（鉄筋コンクリート造） 107-4 階 段

縮尺＝1/10

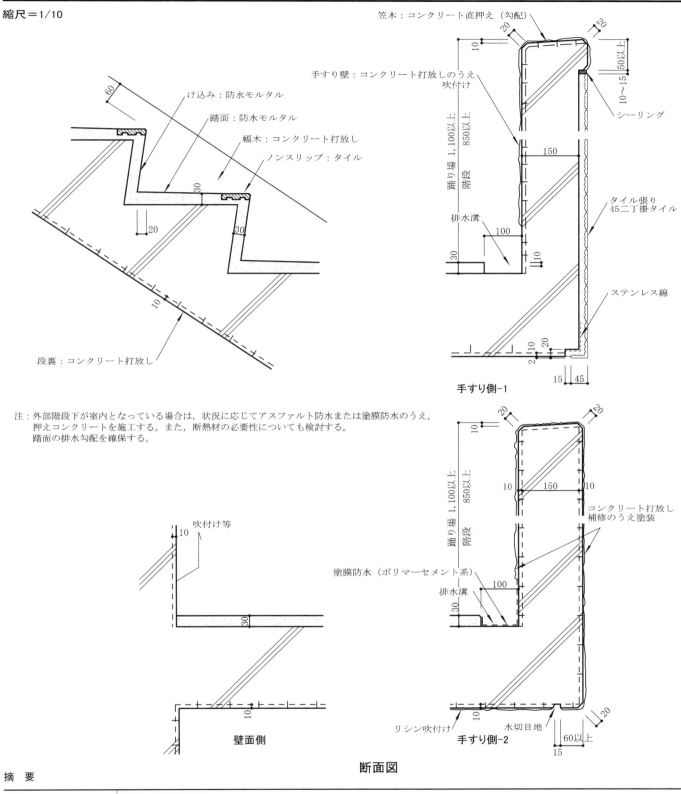

断面図

摘要

形状	外部は踏面に勾配をとる。
弾性シーリング材	変成シリコーン系，ポリサルファイド系

外部階段—2（鉄骨造） 　　　107-5 階　段

縮尺＝1/10

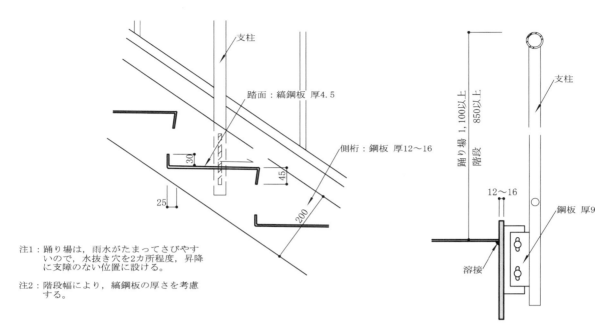

簡易な階段（例　PH，ELV機械室）

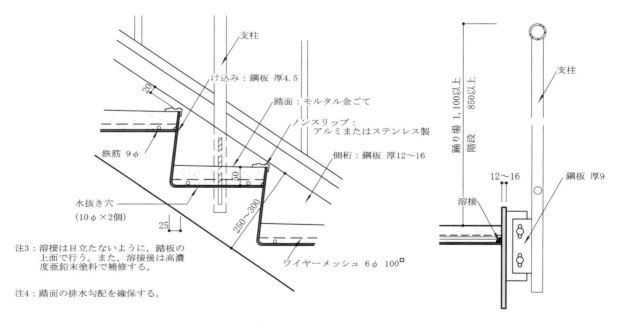

断面図

摘　要

形状 表面処理 取付け（ノンスリップ） 手すり	外部は踏面に勾配をとる。 溶融亜鉛めっき A種，2種（付着量：両面で 550 g/m² 以上）。 コンクリート用タッピングねじ留めとし，エポキシ樹脂系接着剤を併用して留め付ける。 設計グレードをもとに強度検討が必要。

チェックポイント—1　　107-6 階　段

縮尺＝1/50

建築基準法による階段有効寸法の確保

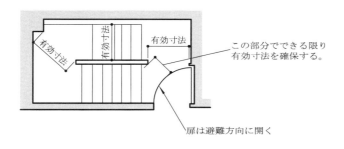

注1：有効寸法は，通路の最も狭い部分で測定すること。

回り階段

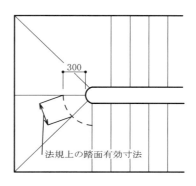

注2：踊り場に段を設けることができない場合もある。

有効高さおよび手すり高さの確保

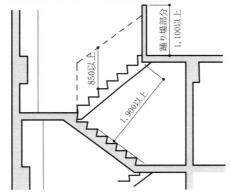

柱段違いの増しコンおよび梁形部の納まり

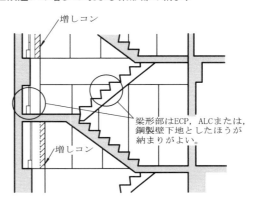

梁形断面の確保

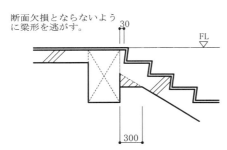

有効寸法について

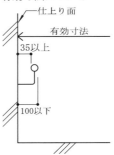

（階段・踊り場に手すりおよび階段昇降設備で高さ50cm以下のものを設ける場合，階段・踊り場の有効幅は，手すり等の出寸法が10cmを限度に，ないものとして算定ができる。）

チェックポイント—2　　　107-7 階　段

縮尺＝1/50

踊り場に段がある場合

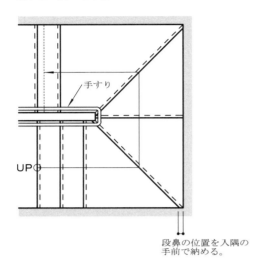

段鼻の位置を入隅の手前で納める。

平面図

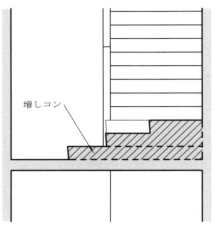

斜線部分は増しコンとし、スラブ下面を図のようにすると納まりがよい。

断面図

ボーダー間のクリアランス

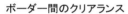

折返し部分のボーダー間のクリアランスは150程度確保する。

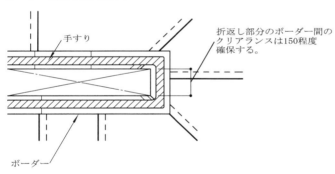

手すりのクリアランス

手すり間隔：手すりのメーカーによる。

手すりの納まり

段を1段ずらすと手すりに水平部分ができて納まりがよい。

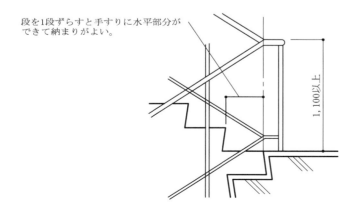

108	便　所	
—1	基本寸法—1（壁付器具）	96
—2	基本寸法—2（トイレブース）	97
—3	便所手すり—1（車椅子使用者用・立位者用）	98
—4	便所手すり—2（多目的）	99
—5	トイレブース—1（既製品）	100
—6	トイレブース—2（メラミン複合積層タイプ）	101
—7	ライニング	102
—8	手洗器	103
—9	チェックポイント	104

便所

- 室　別
- 壁天井下地
- 外　壁
- 屋　上
- 内部開口
- 外部開口
- 階　段
- **便　所**
- 湯沸室・厨房・シャワー室
- 和　室
- 内部雑
- 外部雑・外構
- 附　表

基本寸法 ― 1 (壁付器具)

108-1 便 所

縮尺＝1/30

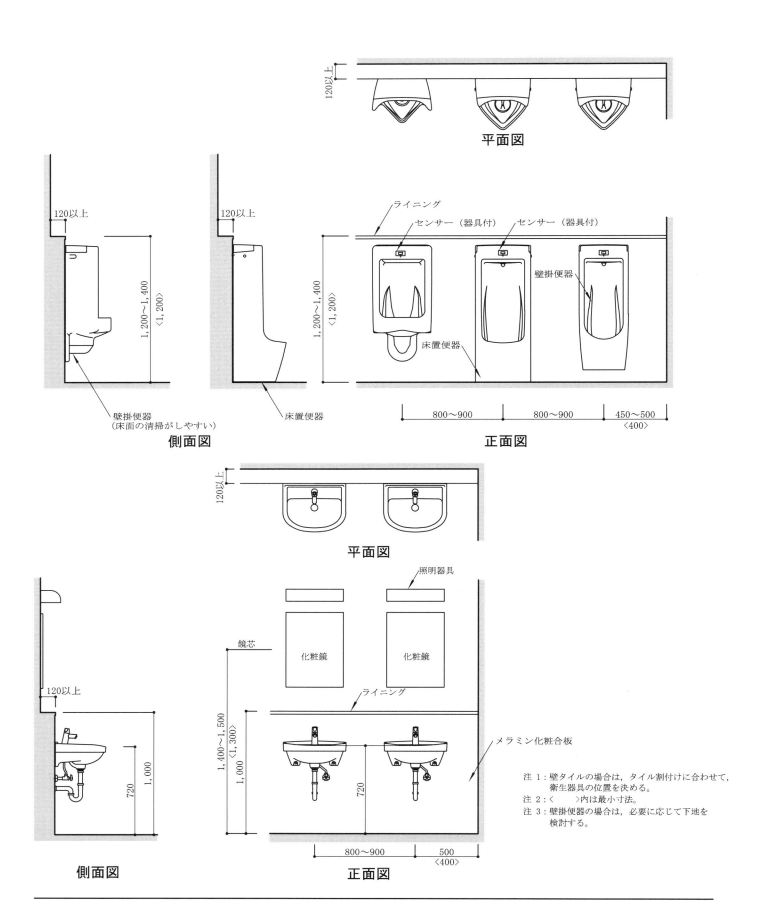

基本寸法—2（トイレブース）

108-2 便 所

縮尺＝1/30

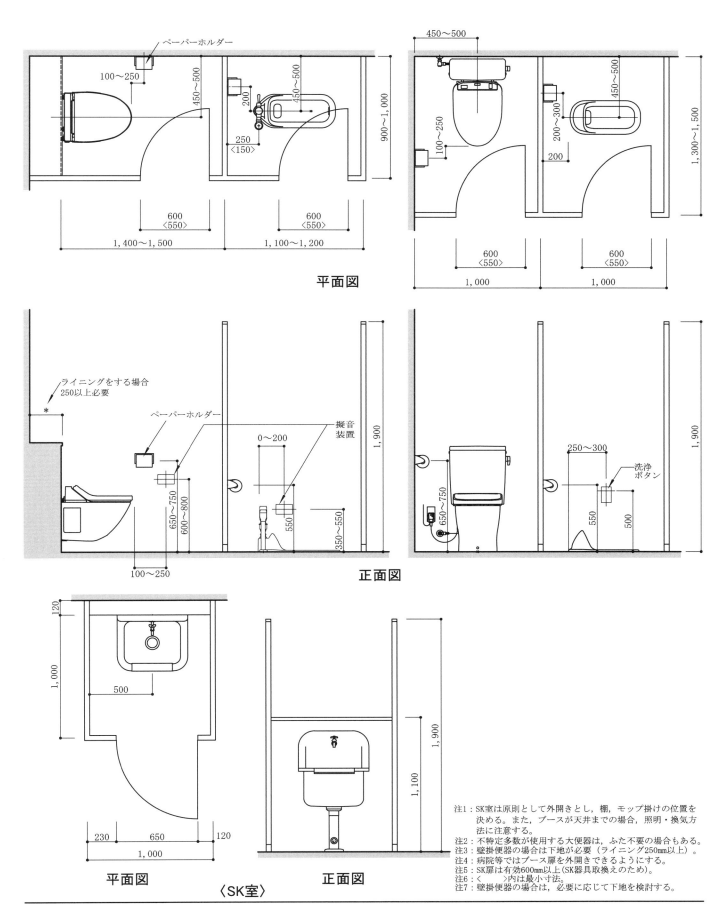

注1：SK室は原則として外開きとし、棚、モップ掛けの位置を決める。また、ブースが天井までの場合、照明・換気方法に注意する。
注2：不特定多数が使用する大便器は、ふた不要の場合もある。
注3：壁掛便器の場合は下地が必要（ライニング250mm以上）。
注4：病院等ではブース扉を外開きできるようにする。
注5：SK扉は有効600mm以上（SK器具取換えのため）。
注6：< >内は最小寸法。
注7：壁掛便器の場合は、必要に応じて下地を検討する。

便所手すり—1（車椅子使用者用・立位者用）

108-3 便　所

縮尺=1/30

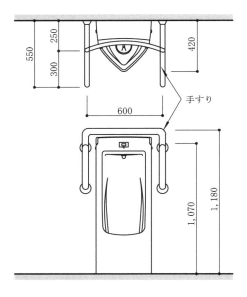

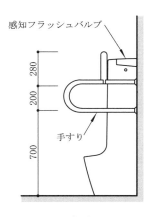

小便器

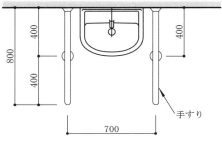

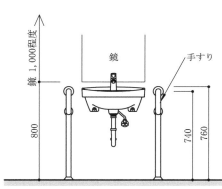

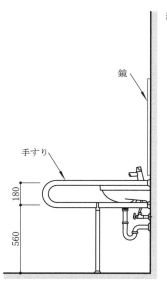

手洗器

注1：手すりは，専用の固定金具を用いて，コンクリート壁に堅固に取り付ける。軽量軽鉄下地の場合は下地補強が必要。

注2：手洗器では，車椅子使用者専用の場合，手すりは不要。

注3：手すりは抗菌タイプが望ましい。

摘　要

手すり	ステンレス（SUS 304）38φ，ヘアライン仕上げ・樹脂被覆仕上げ
小便器	一般規格品
手洗器	身障者用（主として車椅子使用者用）
下地補強	必要に応じて下地を検討する。

便所手すり―2（多目的）

108-4 便 所

縮尺＝1/30

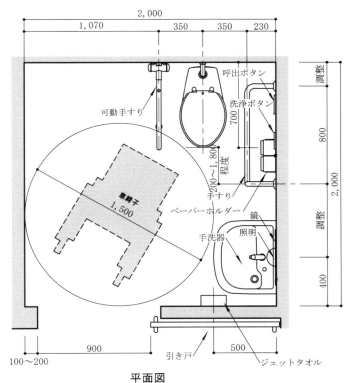
平面図

注1：便器へのアプローチ方法は，障害度によって異なる。
　　（当図は，前方・斜め前方・斜め後方のすべてのアプローチが可能）
注2：手すりは，専用の固定金具を用いて，コンクリート壁に堅固に取り付ける。
注3：床から便座面までの高さは，車椅子の座面に合わせることが望ましい。
注4：扉が自動ドアの場合が多く，照明や在室検知センサー等との連動を検討する。
注5：出入口有効幅850mm以上，正面に便器がこないようにする。

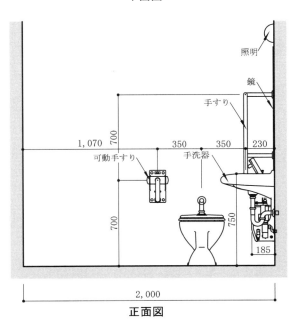
正面図

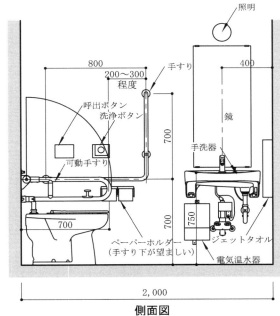
側面図

摘　要

手すり	ステンレス（SUS 304）38φ，ヘアライン仕上げ
大便器	一般規格品または車椅子対応便器（高座面）
下地補強	各メーカー仕様による。

トイレブース—1（既製品）　　108-5 便　所

縮尺＝1/3, 1/30

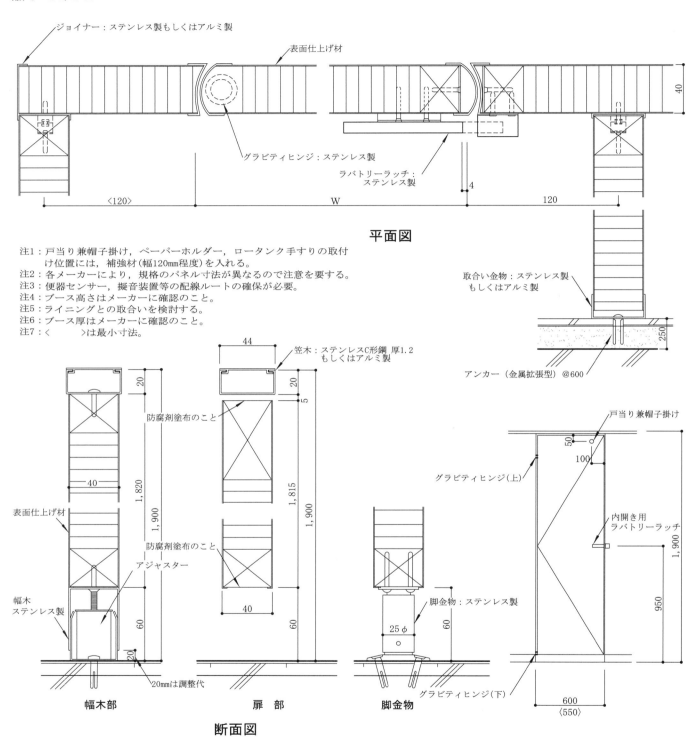

注1：戸当り兼帽子掛け，ペーパーホルダー，ロータンク手すりの取付け位置には，補強材(幅120mm程度)を入れる。
注2：各メーカーにより，規格のパネル寸法が異なるので注意を要する。
注3：便器センサー，擬音装置等の配線ルートの確保が必要。
注4：ブース高さはメーカーに確認のこと。
注5：ライニングとの取合いを検討する。
注6：ブース厚はメーカーに確認のこと。
注7：<　　>は最小寸法。

摘　要

心材	ペーパーコア，合成樹脂発泡体等
表面仕上げ材	メラミン樹脂化粧板，ポリエステル樹脂化粧合板，塗装合板，ホーロー鋼板等，各種のものがある。
建具金物	ステンレス（SUS 304）ヘアライン仕上げ（既製品）

トイレブース—2（メラミン複合積層タイプ）　108-6 便　所

縮尺＝1/3, 1/30

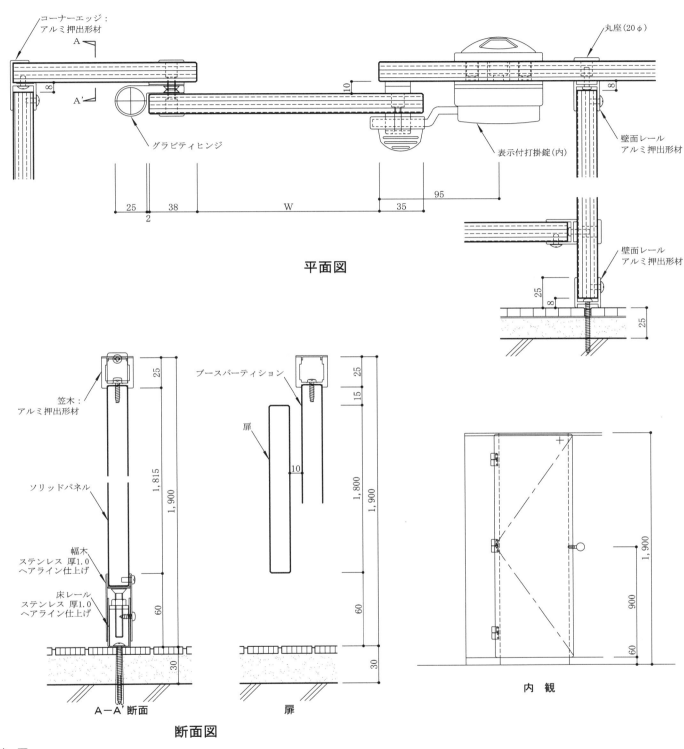

平面図

断面図

A-A'断面　　扉

内観

摘　要

表面仕上げ材	メラミン樹脂化粧板張り，無機質化粧シート張り等
建具金物	ステンレス（SUS 304）ヘアライン仕上げ（既製品）
シーリング	シリコーン系（防かび剤入）

ライニング

108-7 便 所

縮尺＝1/10

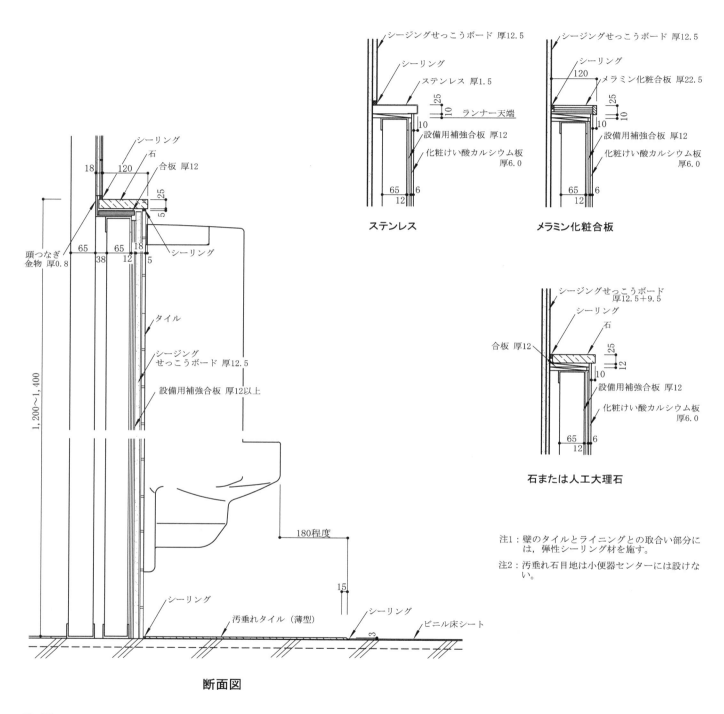

断面図

注1：壁のタイルとライニングとの取合い部分には，弾性シーリング材を施す。
注2：汚垂れ石目地は小便器センターには設けない。

摘 要

汚垂れ石	花こう岩（厚25 mm）または結晶化ガラス（厚15 mm），大判タイル
シーリング	シリコーン系（防かび剤入）
甲板ステンレス	SUS 304 ヘアライン仕上げ

手洗器

108-8 便 所

縮尺＝1/10, 1/3

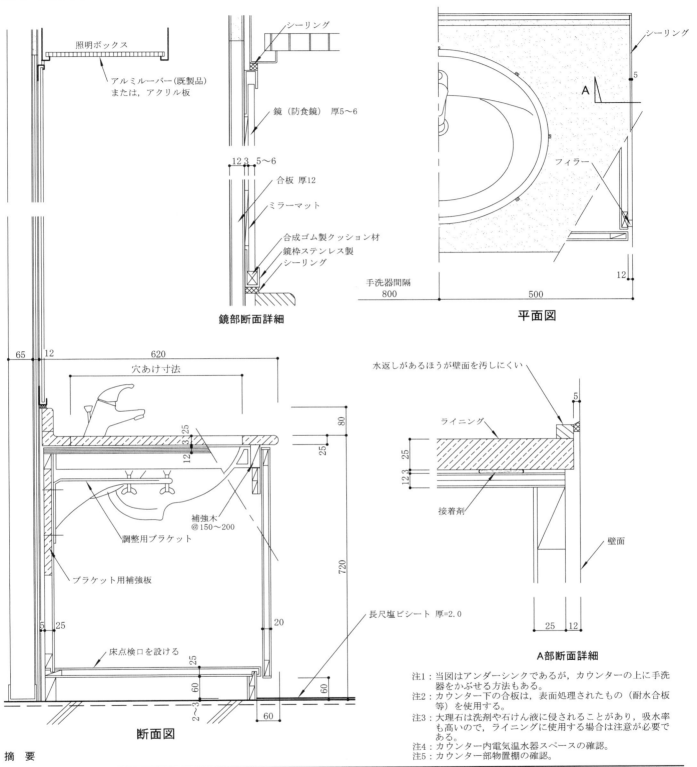

摘 要

ライニング	花こう岩またはポストフォーム，人工大理石（大理石）
接着剤	陶器タイル用接着剤または石材施工用エポキシ樹脂系接着剤
シーリング	シリコーン系（防かび剤入）

チェックポイント　108-9 便　所

縮尺＝1/30, 1/20

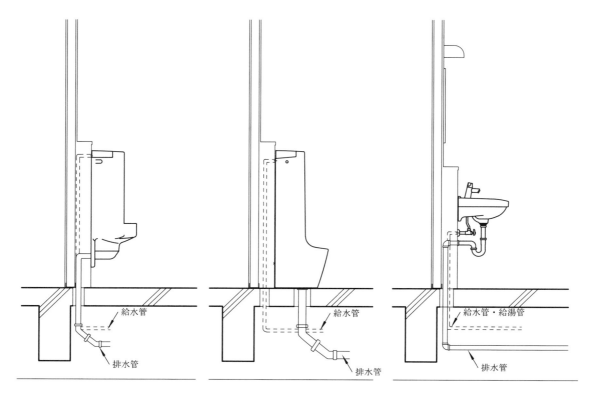

壁掛小便器　　ストール小便器　　手洗器

注1：配管は梁の位置を避ける。
注2：排水横引き管は下り勾配がつくために，長くなる場合は天井ふところが大きくなるので注意を要する。
注3：排水横引き管（鉛管）は，なるべく短くする。長くなる場合は，必ず支持金物を取り付ける。
注4：防火区画の床面を貫通して取り付けられる和風大便器については，床下突出部を完全に被覆し，階下で火災が発生した場合の熱による大便器の破損，落下を防止して，上階への延焼を防止する必要がある。

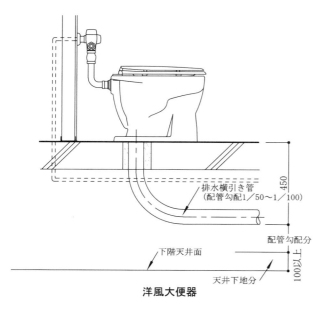

洋風大便器

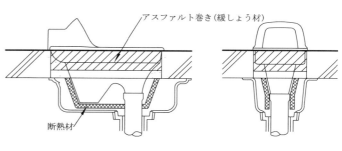

和風大便器

湯沸室・厨房・シャワー室

109	湯沸室・厨房・シャワー室	
—1	流し台・吊り戸棚	106
—2	グリーストラップ（2槽式耐火型）	107
—3	ユニットシャワー	108

- 室　別
- 壁天井下地
- 外　壁
- 屋　上
- 内部開口
- 外部開口
- 階　段
- 便　所
- 湯沸室・厨房・シャワー室
- 和　室
- 内部雑
- 外部雑・外構
- 附　表

流し台・吊り戸棚

109-1 湯沸室・厨房・シャワー室

縮尺＝1/40, 1/5

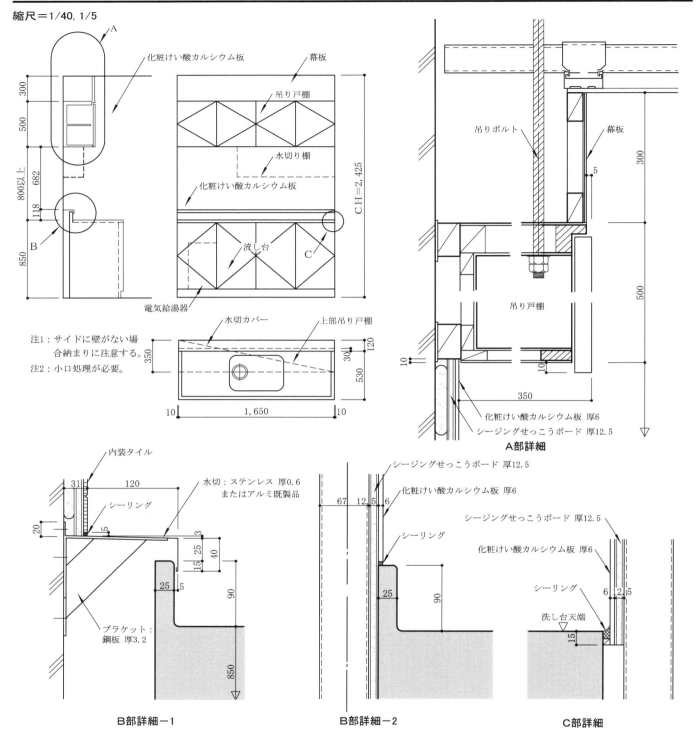

注1：サイドに壁がない場合納まりに注意する。
注2：小口処理が必要。
注3：天井高は，タイル割付けにより調整する。
注4：吊り戸棚の高さは，床面から1,550～1,700程度。
注5：下地が乾式の場合，合板12mm以上，鉄板1.6mm以上，ビス径3.5φ以上，＠303mm以内の下地補強が必要。
注6：吊り戸棚の積載重量表示をする。
注7：流し高さは850，900mmもある。

摘　要

流し台・吊り戸棚・水切り棚	既製品
幕板	ポリエステル樹脂化粧合板，メラミン樹脂化粧板
水切	ステンレス（SUS 304）
シーリング	シリコーン系（防かび剤入）

グリーストラップ（2槽式耐火型）

109-2 湯沸室・厨房・シャワー室

縮尺＝1/10, 1/20

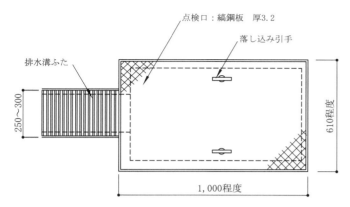

平面図

注1：図は2槽式グリーストラップであるが，ほかに単槽式，3槽式，4槽式等がある。
使用食数（人/日）によって容量および型式を決定する。

注2：スラブから吊り下げる方式のほかに，スラブを箱状にして防水層を設けた中に，既製のグリーストラップを納める方式もある。

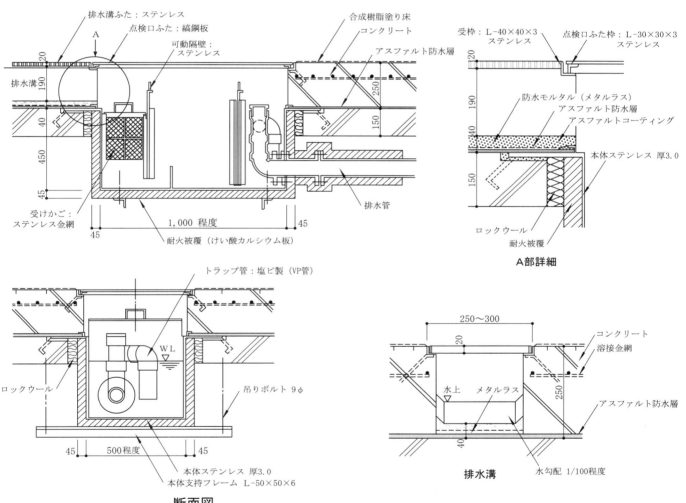

摘要

グリーストラップ本体	既製品（ステンレス製）
排水溝ふた	鋳鉄製またはステンレス製（SUS 304）
点検口ふた	ステンレス製（SUS 304）

ユニットシャワー

109-3 湯沸室・厨房・シャワー室

縮尺＝1/5, 1/20

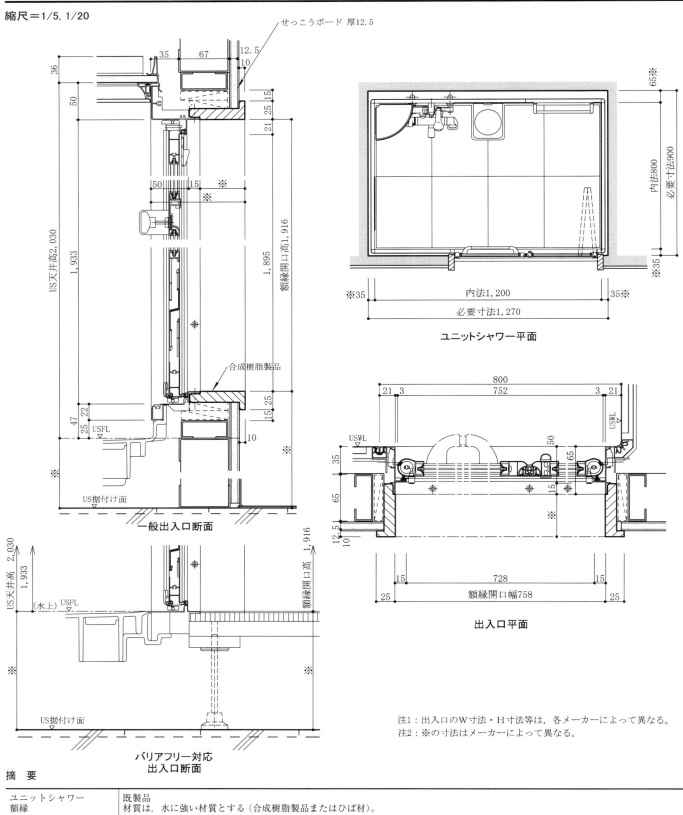

摘要

ユニットシャワー額縁	既製品 材質は，水に強い材質とする（合成樹脂製品またはひば材）。

和室

110　和　室
- —1　キープラン　110
- —2　上がりがまち　111
- —3　出入口—1（引違い戸）　112
- —4　出入口—2（片引き戸）　113
- —5　押入—1（平面）　114
- —6　押入—2（引違い戸）　115
- —7　押入—3（開き戸）　116
- —8　床の間　117
- —9　障子　118

| 室　別 |
| 壁天井下地 |
| 外　壁 |
| 屋　上 |
| 内部開口 |
| 外部開口 |
| 階　段 |
| 便　所 |
| 湯沸室・厨房・シャワー室 |
| 和　室 |
| 内部雑 |
| 外部雑・外構 |
| 附　表 |

キープラン | 110-1 休憩室

縮尺＝1/30

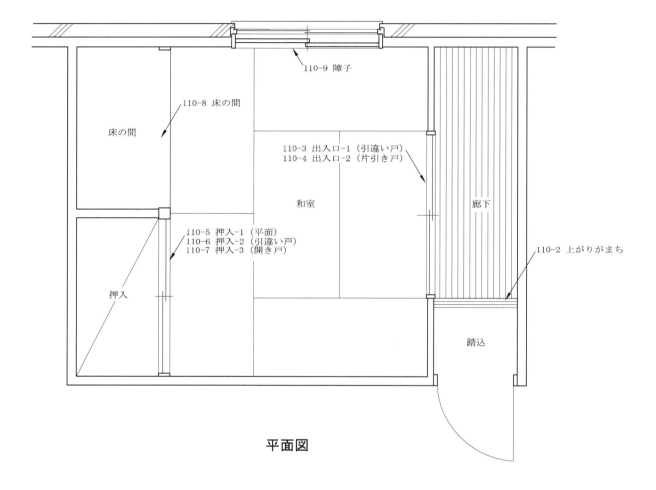

平面図

注1：ここで取り上げた和室は，一般事務所建築における休憩室程度のものを想定している。したがって，枠のちり寸法および畳寄せの見付寸法を10mmとしたが，12mmまたは15mmとしてもよい。

注2：造作材の材質は杉・ひのき・米ひのき・米つが・米松（含水率15%以下）とし、床の間地板の仕上げ面の材質はけやき練付け程度を想定している。

注3：床組は，休憩室程度の面積であること，また，当該室のみの工事であることから，全面に一様の下地をつくる工法とした。

注4：右下図のように床の間に対して畳のふちを直角に敷くことを「床差し」といい，一般には避けられている。

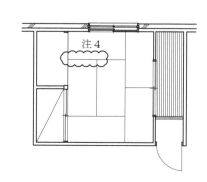

上がりがまち

110-2 和　室

縮尺＝1/2

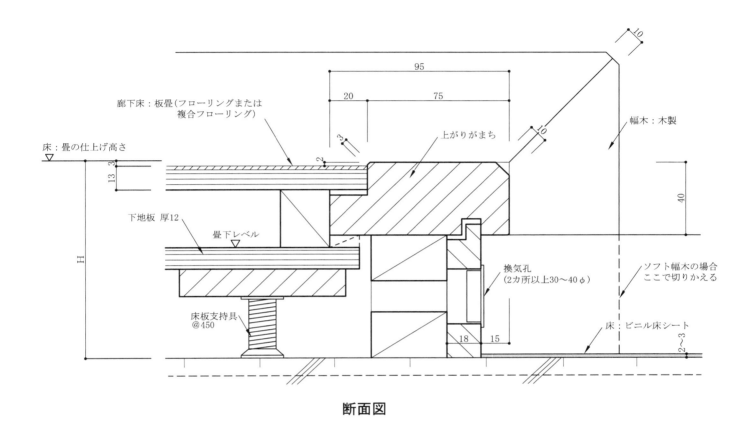

断面図

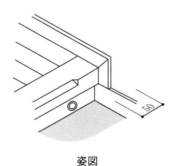

姿図

摘　要

材質	堅木類（たも，しおじ等）
仕上げ	オイルステイン透明塗装等
取付け	下地に接着，および両端にて釘留め
換気孔	ステンレス製，硬質塩ビ製
床板支持具	支柱：プラスチック（コンクリート面に接着剤にて取り付ける） 釘留め台板：木製
下地板	合板

出入口—1（引違い戸） 110-3 和 室

縮尺=1/3

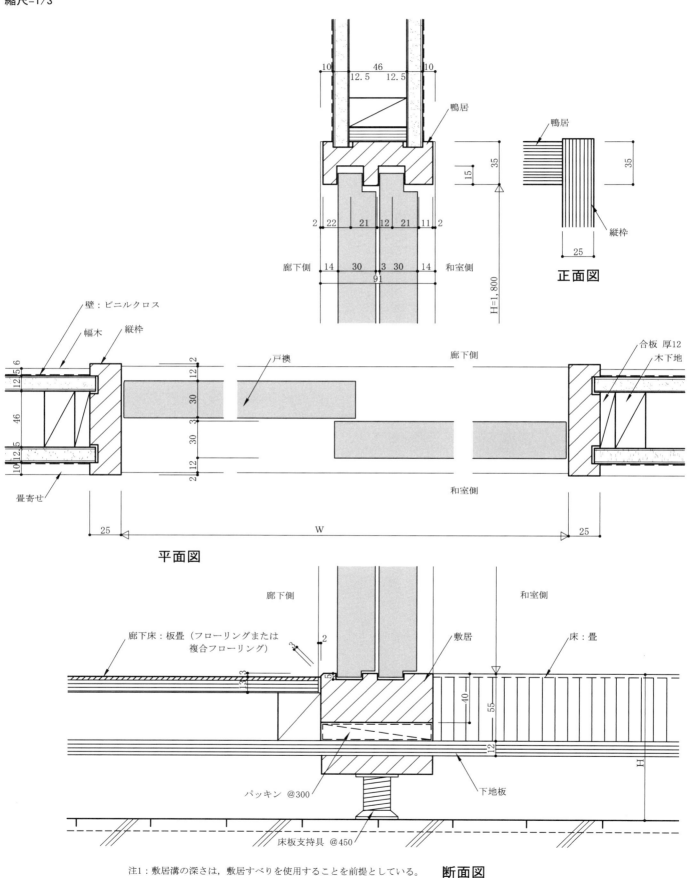

注1：敷居溝の深さは，敷居すべりを使用することを前提としている。
注2：スタイロ畳（厚さ55，30など）もある。

断面図

出入口―2（片引き戸） 110-4 和 室

縮尺=1/3

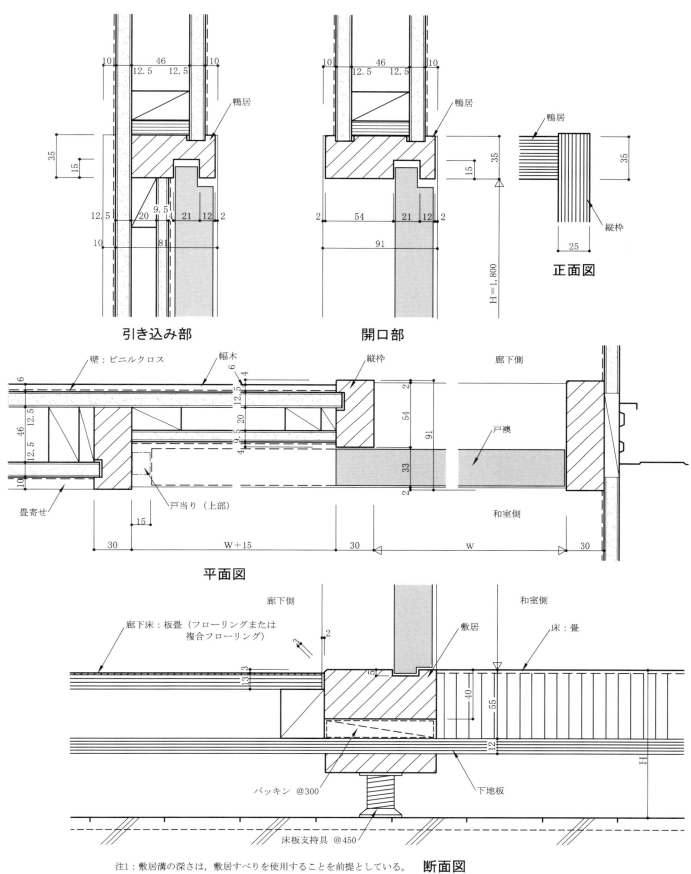

引き込み部　　開口部　　正面図

平面図

注1：敷居溝の深さは，敷居すべりを使用することを前提としている。　断面図
注2：スタイロ畳（厚さ55，30など）もある。

押入—1（平面）

110-5 和　室

縮尺＝1/3

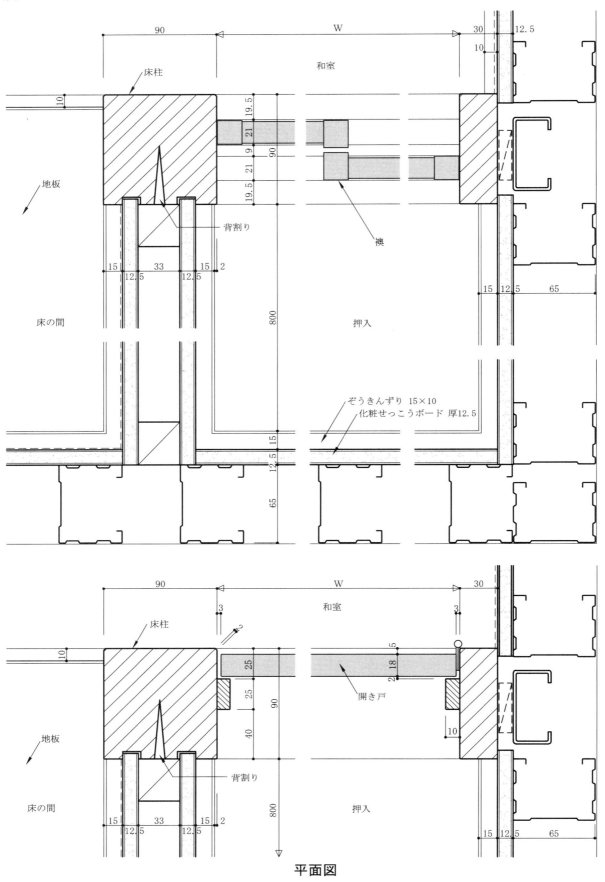

平面図

注：開き戸の幅が広くなる場合は戸襖にする。

押入—2（引違い戸）

110-6 和　室

縮尺＝1/3

注1：敷居溝の深さは，敷居すべりを使用することを前提としている。
注2：中鴨居と根太掛け（前かまち）は固定しない。
注3：開口幅1,800mm以上は，束木を入れる。

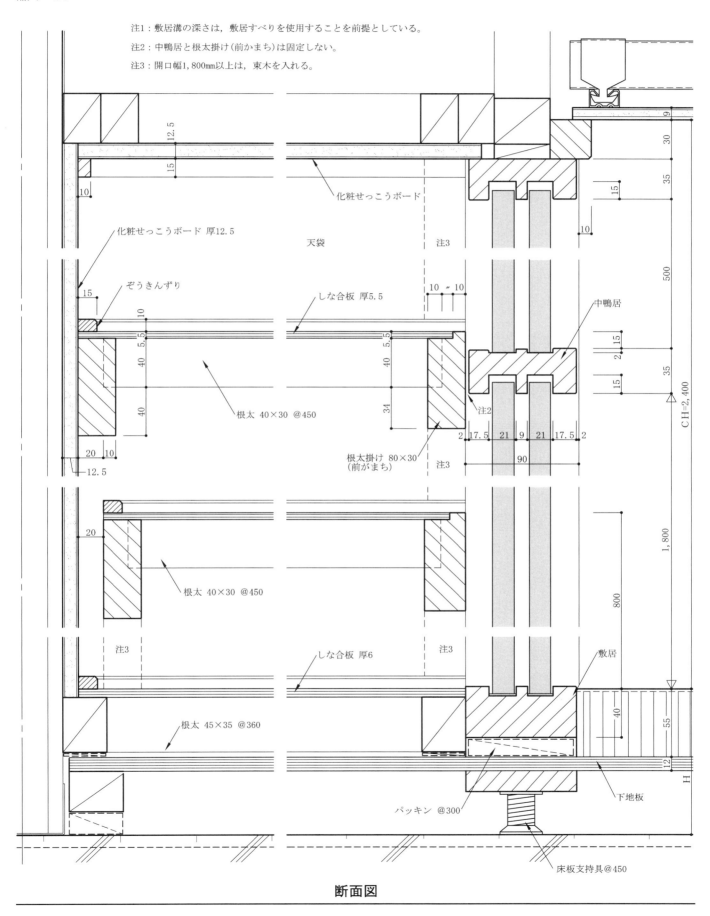

断面図

押入—3（開き戸） 110-7 和室

縮尺＝1/3

注1：中鴨居と根太掛け（前かまち）は固定しない。
注2：開口幅1,800mm以上は，束木を入れる。

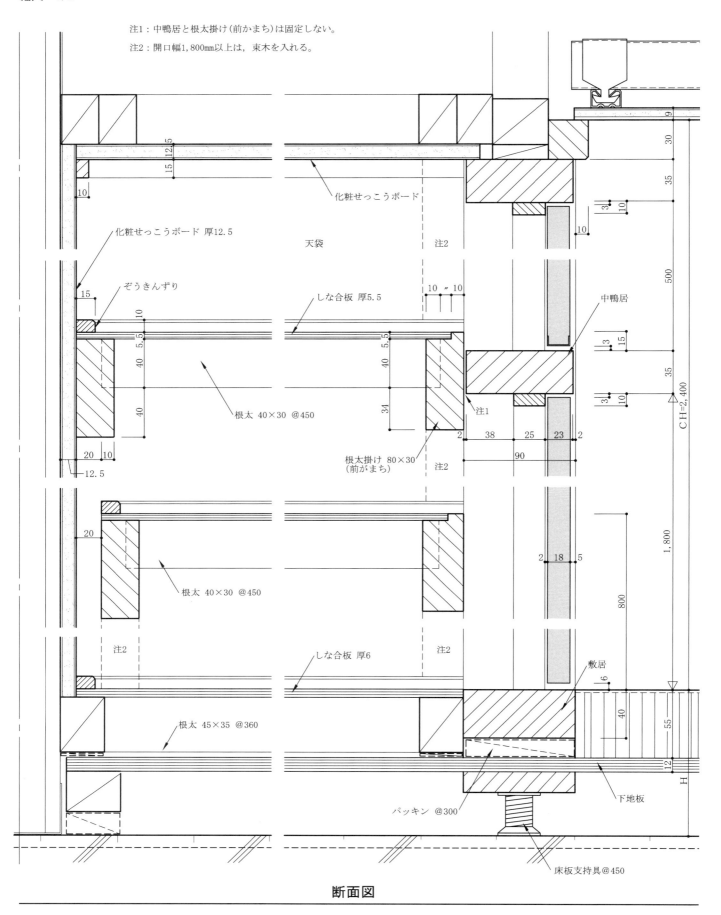

断面図

床の間

110-8 和室

縮尺=1/3

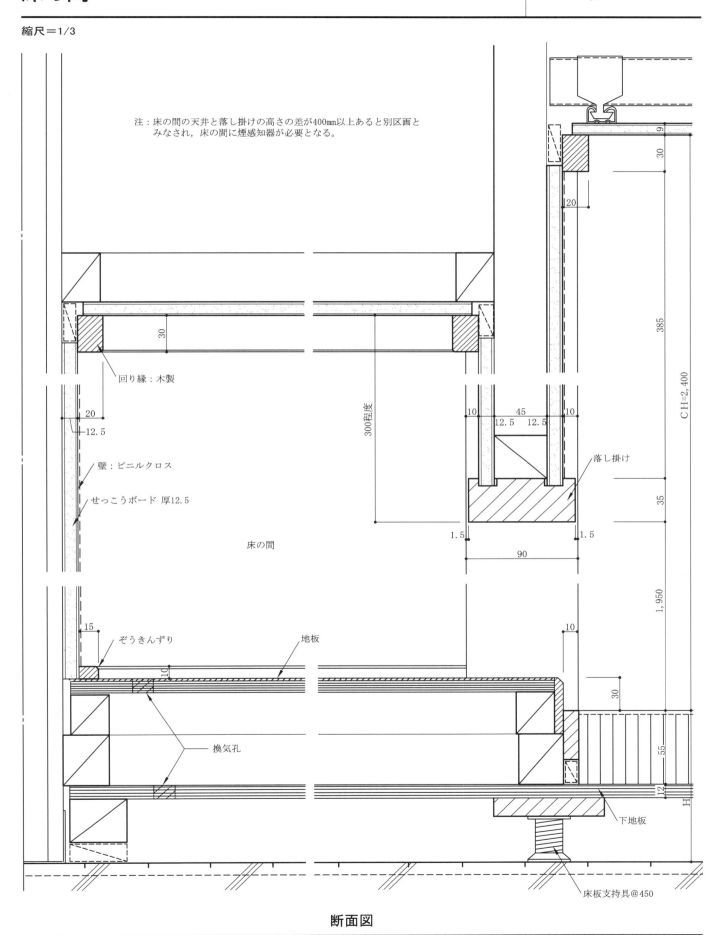

断面図

障子

110-9 和室

縮尺=1/3

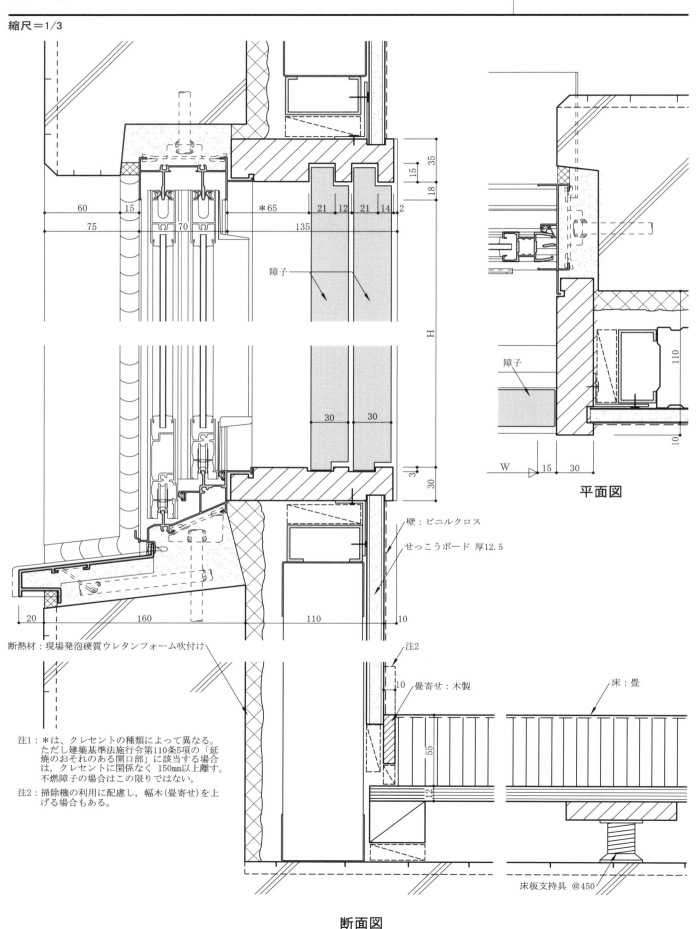

断面図

注1：＊は、クレセントの種類によって異なる。ただし建築基準法施行令第110条5項の「延焼のおそれのある開口部」に該当する場合は、クレセントに関係なく150mm以上離す。不燃障子の場合はこの限りではない。

注2：掃除機の利用に配慮し、幅木(畳寄せ)を上げる場合もある。

平面図

内部雑

111	内部雑	
—1	ブラインドボックス・カーテンボックス—1（アルミ製）	120
—2	ブラインドボックス・カーテンボックス—2（木製・鋼製）	121
—3	隔板	122
—4	防煙垂れ壁—1（固定式・可動式）	123
—5	防煙垂れ壁—2（ロール式）	124
—6	配線ピット・タラップ	125

- 室　別
- 壁天井下地
- 外　壁
- 屋　上
- 内部開口
- 外部開口
- 階　段
- 便　所
- 湯沸室・厨房・シャワー室
- 和　室
- 内部雑
- 外部雑・外構
- 附　表

ブラインドボックス・カーテンボックス—1 （アルミ製） | 111-1 内部雑

縮尺＝1/5, 1/10

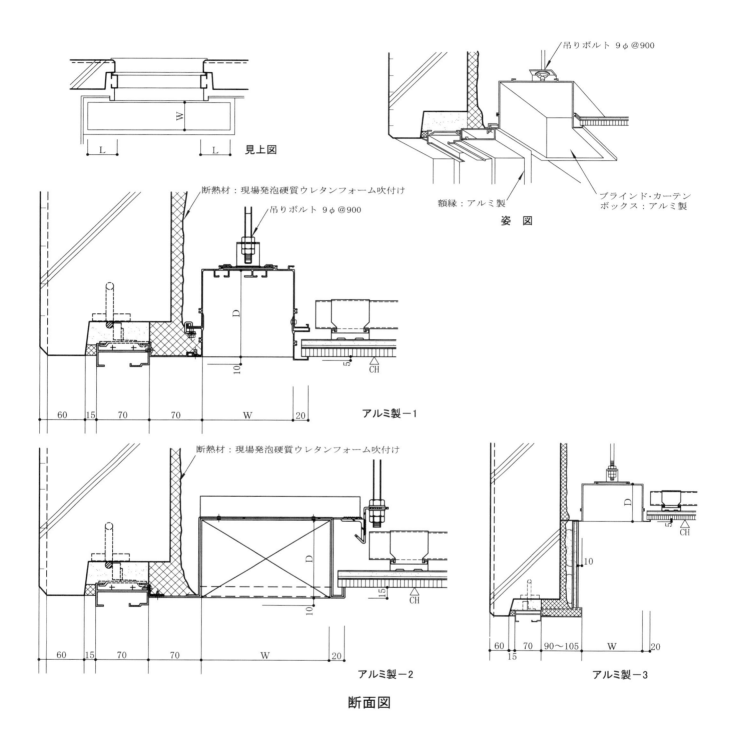

断面図

摘要

注：電動ブラインドの場合，配線ルートを決める。

材料寸法	アルミ製（既製品）ボックスの各部寸法は右表による。

種類	W	D	L（片引き）	L（両引き）
レース	90	100	開口部の1/5〜1/10	開口部の1/10〜1/20
レース＋ドレープ	180	100		
レース＋プリント	150	100		
レース＋ブラインド	150			
ブラインド（水平）	110	$\frac{4}{100}H+80$ ※	100	100
ブラインド（縦型）	120	60	$12\times\frac{W}{70}+74$ ※	$12\times\frac{W}{2\times70}+74$ ※
電動ブラインド（水平）	60	$\frac{3}{100}H+75$ ※	100	100

※の寸法は，ブラインドの型式によって異なる。

ブラインドボックス・カーテンボックス―2
（木製・鋼製）

111-2 内部雑

縮尺＝1/5, 1/10

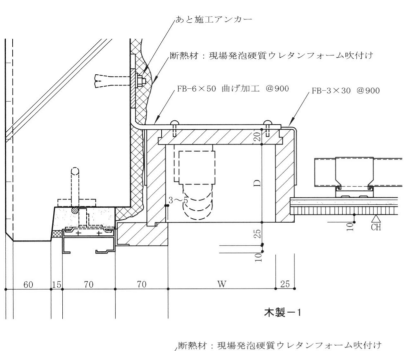
木製―1

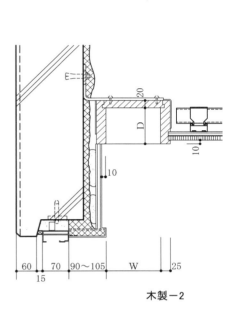
木製―2

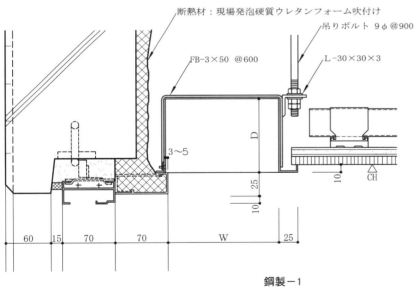
鋼製―1

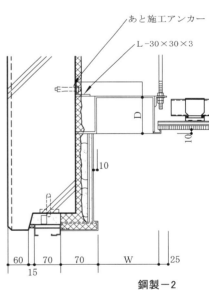
鋼製―2

断面図

摘要

材料	木製……米ひのき，つが，米つが等 鋼製……表面処理亜鉛めっき鋼板 厚1.2mm・1.6mm
さび止め	JPMS 28

隔　板

111-3 内部雑

縮尺＝1/5

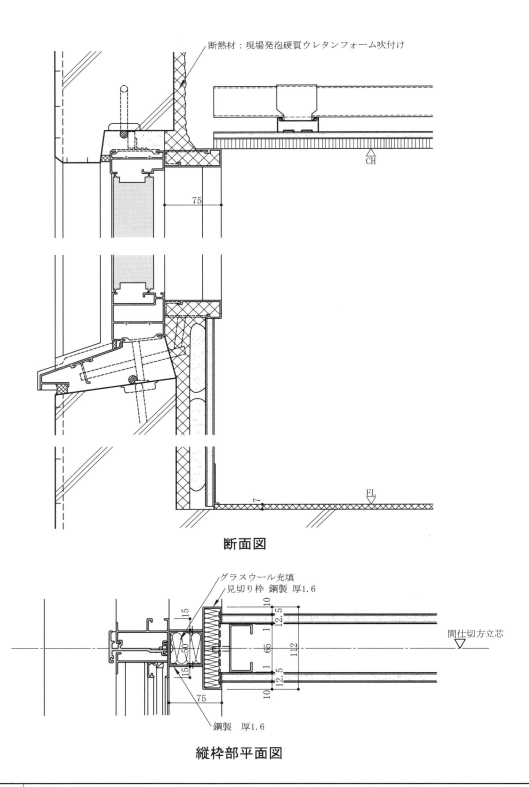

断面図

縦枠部平面図

摘　要

| 材質 | 表面処理亜鉛めっき鋼板 厚1.6mm |
| さび止め | JPMS 28 |

防煙垂れ壁—1（固定式・可動式）　　111-4 内部雑

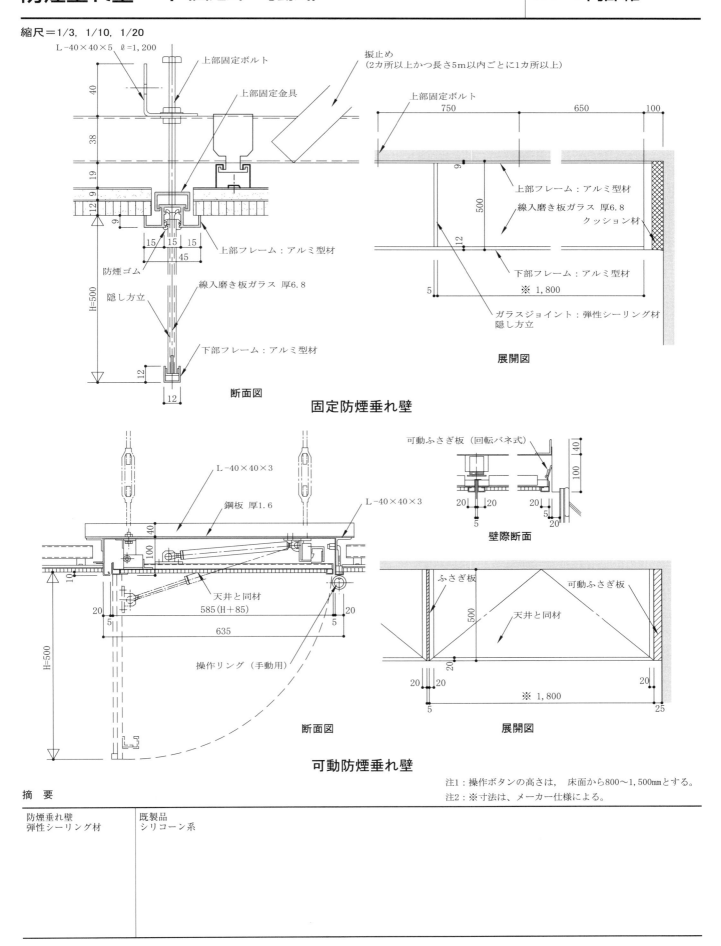

固定防煙垂れ壁

可動防煙垂れ壁

注1：操作ボタンの高さは、床面から800〜1,500mmとする。
注2：※寸法は、メーカー仕様による。

摘　要

| 防煙垂れ壁 | 既製品 |
| 弾性シーリング材 | シリコーン系 |

防煙垂れ壁—2（ロール式） 　　111-5 内部雑

縮尺＝1/5, 1/25

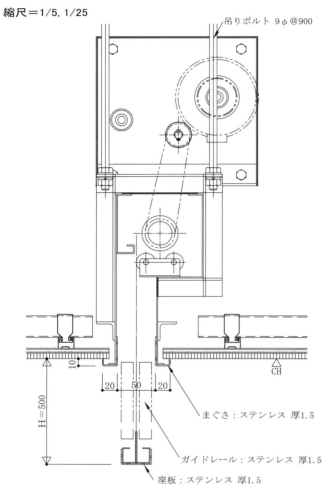

断面図

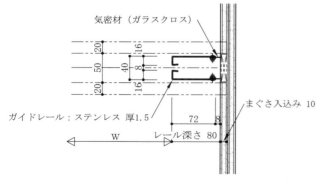

ガイドレール平面

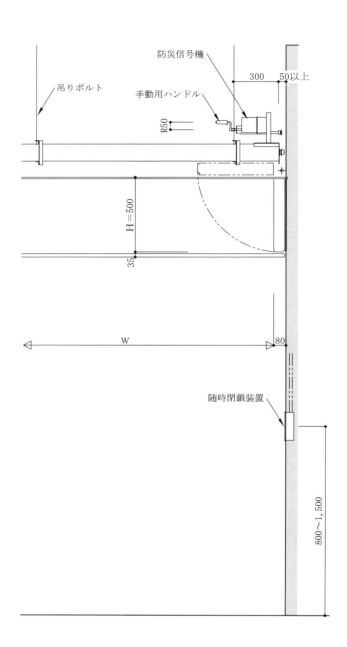

展開図

注：操作ボタンの高さは，床面から800〜1,500mmとする。

摘　要

防煙垂れ壁	既製品
ウォールスクリーン	不燃布（化粧ガラスクロス）
ガイドレール・まぐさ・座板	ステンレス（SUS 304）厚1.5mm ヘアライン仕上げ

配線ピット・タラップ

111-6 内部雑

縮尺＝1/5, 1/30

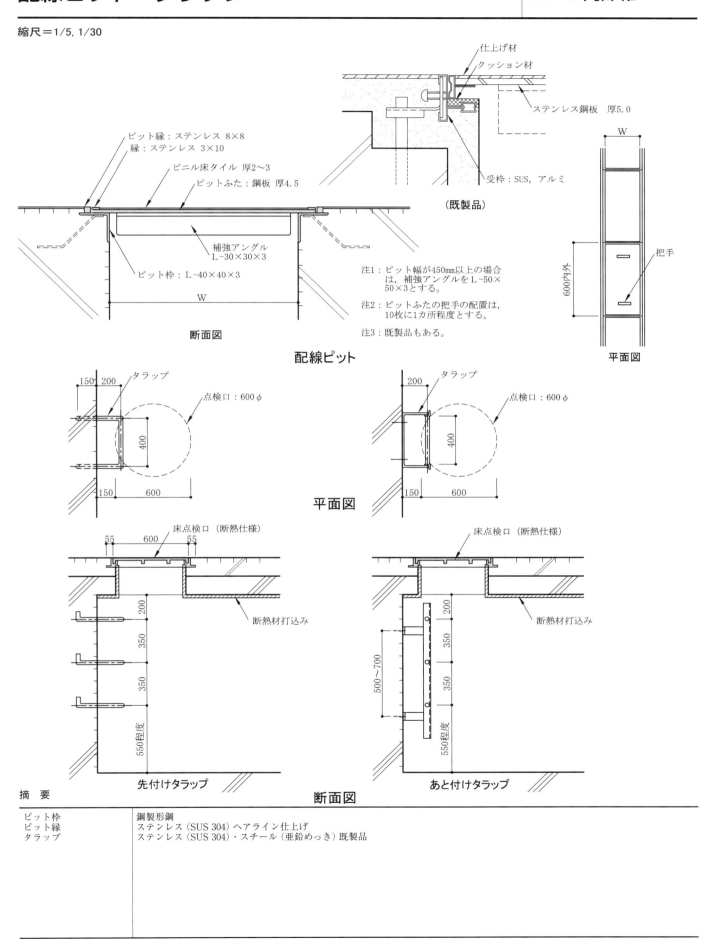

摘要	
ピット枠	鋼製形鋼
ピット縁	ステンレス（SUS 304）ヘアライン仕上げ
タラップ	ステンレス（SUS 304）・スチール（亜鉛めっき）既製品

外部雑・外構

112	外部雑・外構	
—1	キープラン	128
—2	靴ふきマット	129
—3	バルコニー避難ハッチ	130
—4	門扉	131
—5	塀	132
—6	擁壁	133
—7	舗装—1	134
—8	舗装—2	135
—9	U形側溝・L形側溝・車止め・車用ストッパー	136

- 室　別
- 壁天井下地
- 外　壁
- 屋　上
- 内部開口
- 外部開口
- 階　段
- 便　所
- 湯沸室・厨房・シャワー室
- 和　室
- 内部雑
- **外部雑・外構**
- 附　表

キープラン

112-1 外部雑・外構

縮尺＝1/200

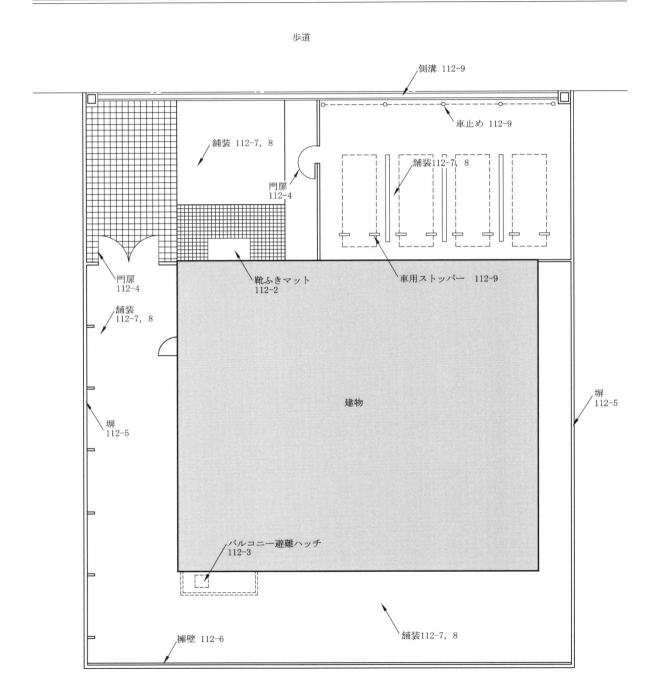

平面図

靴ふきマット

112-2 外部雑・外構

縮尺＝1/30, 1/3

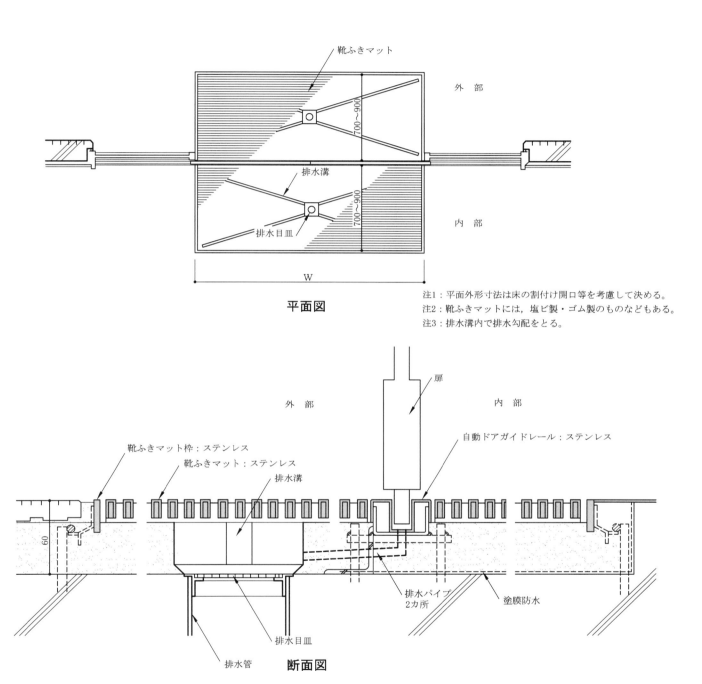

注1：平面外形寸法は床の割付け開口等を考慮して決める。
注2：靴ふきマットには，塩ビ製・ゴム製のものなどもある。
注3：排水溝内で排水勾配をとる。

摘　要

縁金物	ステンレス (SUS 304) 6×25 mm
靴ふきマット	ステンレス (SUS 304)
マット敷き下地	モルタル金ごて，一部室内側はウレタン塗膜防水。ただし，より高い防水性能が要求される場合はアスファルト防水仕様とする。
排水管	硬質塩ビ管 65 φ

バルコニー避難ハッチ

112-3 外部雑・外構

縮尺＝1/10, 1/30

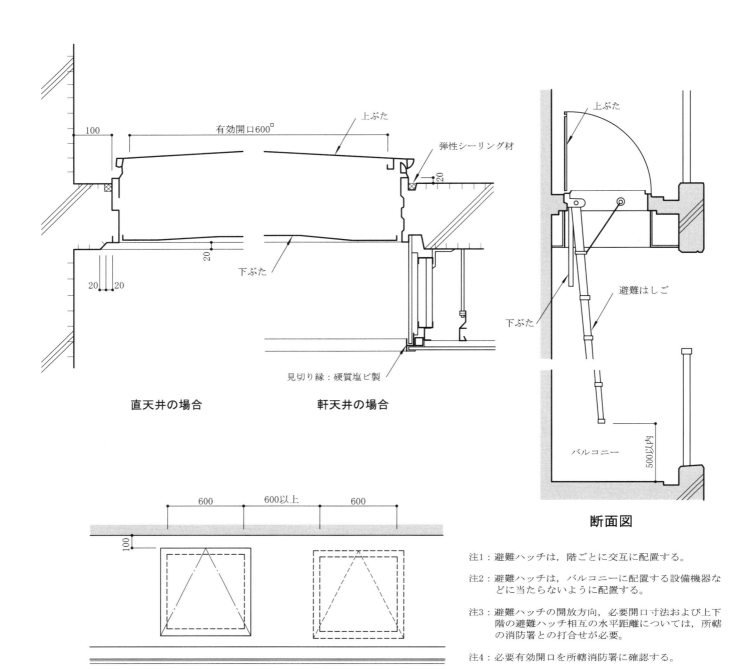

直天井の場合　　軒天井の場合

見切り縁：硬質塩ビ製

断面図

平面図

注1：避難ハッチは、階ごとに交互に配置する。

注2：避難ハッチは、バルコニーに配置する設備機器などに当たらないように配置する。

注3：避難ハッチの開放方向、必要開口寸法および上下階の避難ハッチ相互の水平距離については、所轄の消防署との打合せが必要。

注4：必要有効開口を所轄消防署に確認する。

注5：チャイルドロック付きとする。

摘要

取付け	バルコニー型枠の組立て終了後、所定の位置に避難ハッチを設置する。コンクリート打設に当たっては、養生シートによって保護する。
材質	ステンレス（SUS 304）
弾性シーリング材	変成シリコーン系、ポリサルファイド系、ポリウレタン系

門　扉

112-4 外部雑・外構

縮尺＝1/30, 1/5

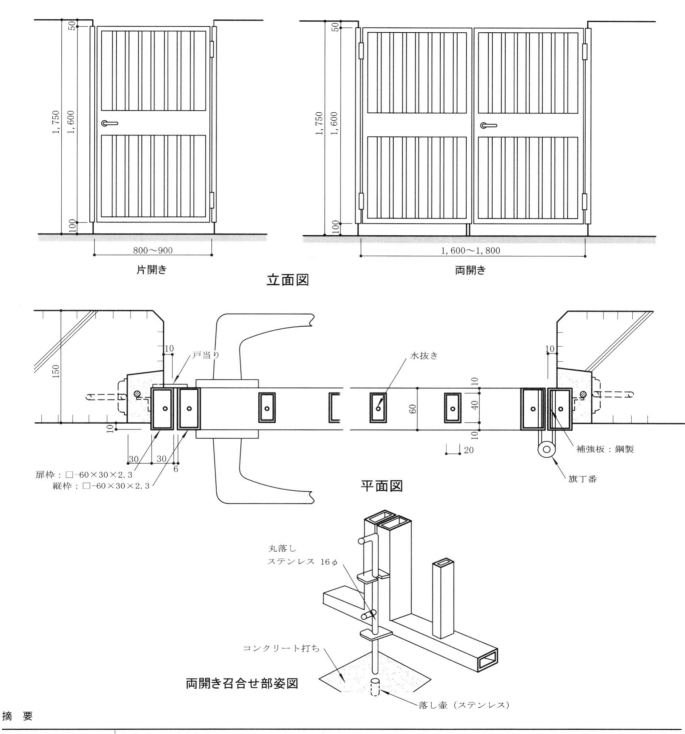

摘　要	
縦枠・扉枠 建具金物	溶融亜鉛めっき鋼板またはステンレス（SUS 304） メーカーにより各種製品がある。

塀

112-5 外部雑・外構

縮尺＝1/20

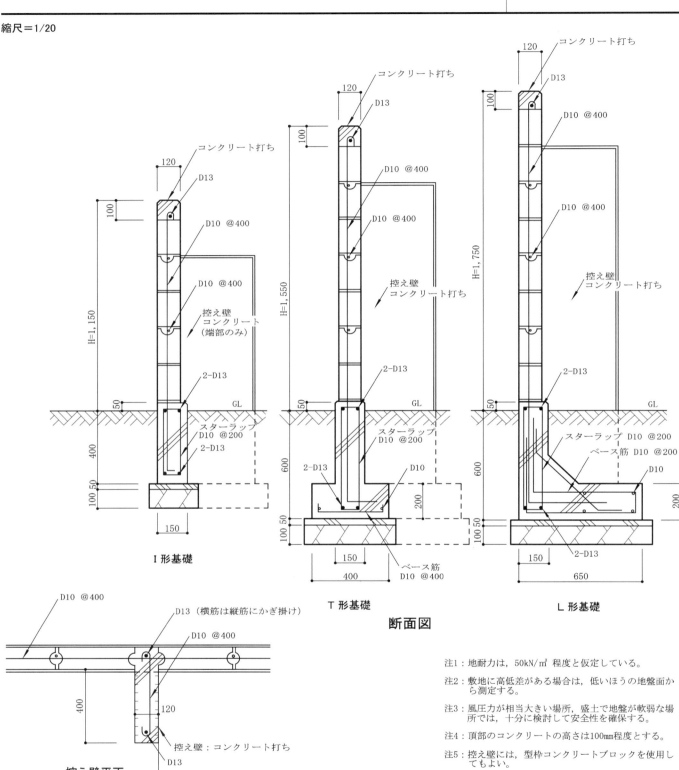

断面図

摘要

コンクリートブロック	JIS A 5406 の規格品（厚 120 mm, C 種）
鉄筋	JIS G 3112 に規定する異形棒鋼 D10 および D13
コンクリート	設計基準強度 (F_c) 21 N/mm² 以上

注1：地耐力は，50kN/m² 程度と仮定している。
注2：敷地に高低差がある場合は，低いほうの地盤面から測定する。
注3：風圧力が相当大きい場所，盛土で地盤が軟弱な場所では，十分に検討して安全性を確保する。
注4：頂部のコンクリートの高さは100mm程度とする。
注5：控え壁には，型枠コンクリートブロックを使用してもよい。

擁　壁

112-6 外部雑・外構

縮尺＝1/20, 1/40

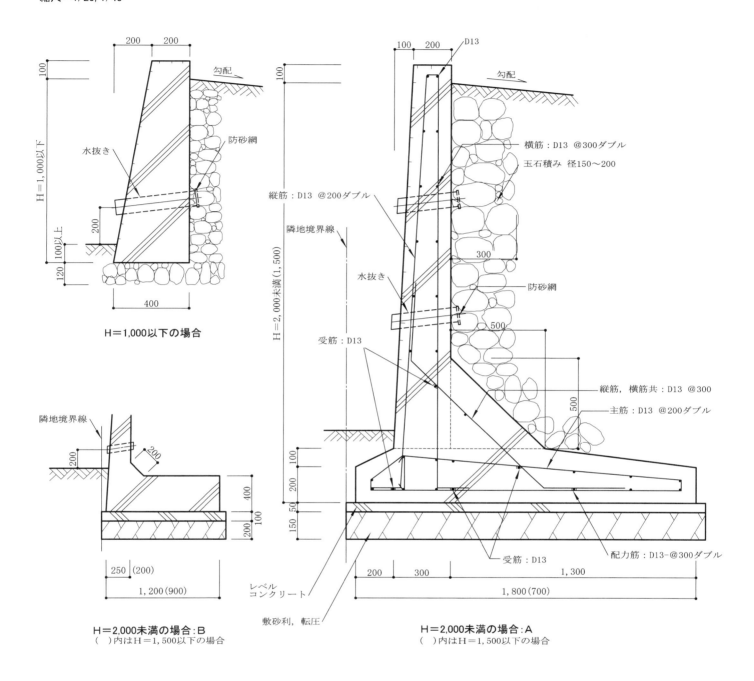

H＝1,000以下の場合

H＝2,000未満の場合：B
（　）内はH＝1,500以下の場合

H＝2,000未満の場合：A
（　）内はH＝1,500以下の場合

注1：H＝2,000mm以上の場合は構造計算書が必要。
注2：H＝2,000mm未満の場合でも，地盤状況に応じて構造を検討する。
注3：鉄筋の配筋は参考例を示す。

摘　要

高さ	H＝1,000 mm 以下の場合	H＝2,000 mm 未満の場合
基礎	割栗地業	割栗地業のうえ，レベルコンクリート
鉄筋	無筋	異形棒鋼材 D10 および D13
コンクリート	設計基準強度（F_c）21 N/mm^2 以上	同左
裏込め	割栗および切込み砂利	玉石積みとし，切込み砂利充填
地耐力	50 kN/m^2 以上	80 kN/m^2 程度と仮定
水抜き	硬質塩化ビニル管 75φ 見付け面積3m^{2}ごとに1カ所，チドリに配置。	同左
	鉄筋径，ピッチは参考例	

舗装—1　　112-7 外部雑・外構

縮尺＝1/5

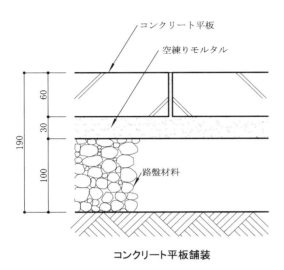

コンクリート平板舗装

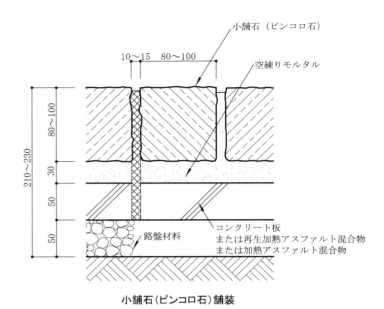

小舗石（ピンコロ石）舗装

注：コンクリート板の場合は，3m程度ごとに目地を設ける。

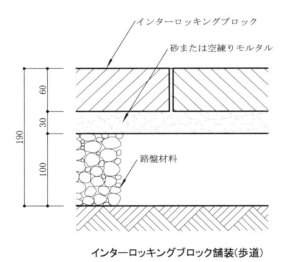

インターロッキングブロック舗装（歩道）

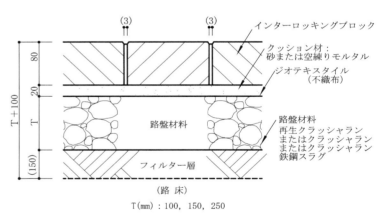

インターロッキングブロック舗装（車道）

断面図

注：横断勾配は，2.0～3.0%とする。

摘 要

種類	コンクリート平板舗装	インターロッキングブロック舗装	小舗石舗装
仕上げ材料	歩道用コンクリート平板（JIS A 5371）400×400×厚60，450×450×厚60 ※JIS以外多数あり。	メーカーにより各種形状がある	舗石（JIS A 5003）2等品，80～100の直方体
路盤材料	再生クラッシャラン，クラッシャランまたはクラッシャラン鉄鋼スラグ	同左	同左
クッション材	空練りモルタル	砂または空練りモルタル	空練りモルタル
目地材	砂またはモルタル	砂　＊透水性インターロッキングブロック舗装では，ジオテキスタイル（不織布60 g/m²）を路盤上に使用する。	モルタル

舗装—2

112-8 外部雑・外構

縮尺＝1/5

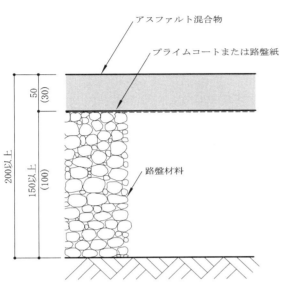

アスファルト舗装
（　）内は歩道用

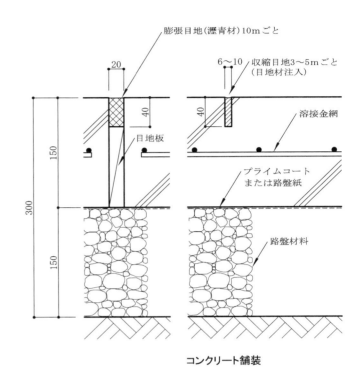

コンクリート舗装

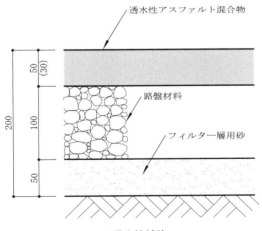

透水性舗装
（　）内は歩道用

注1：特に埋立地・盛土などで軟弱な路床の場合には，路床のCBR（路床土支持比）に十分注意する。

注2：横断勾配は，2％以上とする。

注3：コンクリート舗装におけるコンクリートは，設計基準強度（Fc）は24N/mm²（歩道部は18N/mm²），スランプは8cm以下とする。

摘要

種類	アスファルト舗装	透水性舗装	コンクリート舗装
表層材料	アスファルト混合物または再生アスファルト混合物	透水性アスファルト混合物	スランプ8cm以下のコンクリート
路盤材料	再生クラッシャラン，クラッシャラン，クラッシャラン鉄鋼スラグ	同左	同左
プライムコート 路盤紙	アスファルト乳剤，1.5ℓ/m² 程度	—	アスファルト乳剤，1.5ℓ/m² 程度 ポリエチレンフィルム 厚0.15mm以上，低弾性タイプ（特記により高弾性タイプ）
注入目地材 溶接金物			JIS G 3551（溶接金網）の規格品 径6mm，網目150mm

U形側溝・L形側溝・車止め・車用ストッパー　112-9 外部雑・外構

縮尺＝1/20

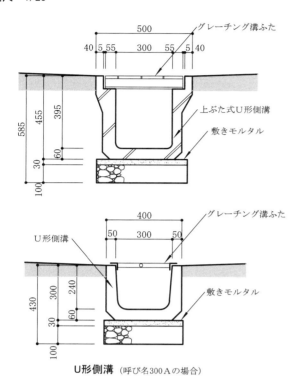
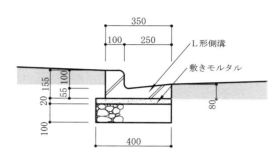

L形側溝（呼び名250Aの場合）

U形側溝（呼び名300Aの場合）

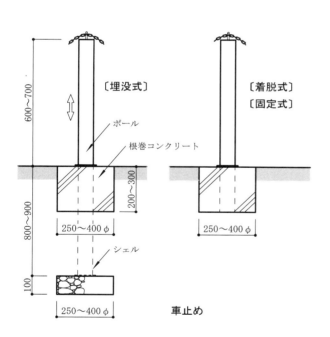
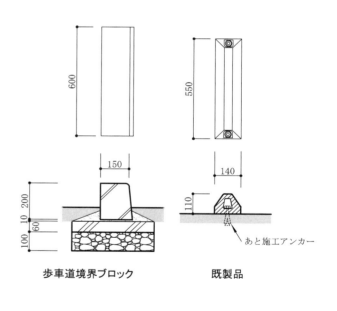

車止め

歩車道境界ブロック　　既製品

車用ストッパー

断面図

摘　要

U形側溝	JIS A 5372（プレキャスト鉄筋コンクリート製品）の規格品または現場打ちコンクリート
L形側溝	JIS A 5371（プレキャスト無筋コンクリート製品）およびJIS A 5372（プレキャスト鉄筋コンクリート製品）の規格品
グレーチング	ステンレス製（SUS 304）既製品
車止め	既製品（埋没式，着脱式，固定式）
車用ストッパー	JIS A 5371（プレキャスト無筋コンクリート製品）の規格品または既製品 接着の場合は，二液性エポキシ系接着剤を用いる。

附表

- —1　主要材料の性質　138
- —2　降水量と樋　139
- —3　シーリング材　140
- —4　防煙垂れ壁　142
- —5　塗装—1　143
- —6　塗装—2　144
- —7　塗装—3　145
- —8　規格部材表—1　146
- —9　規格部材表—2　147

室　別
壁天井下地
外　壁
屋　上
内部開口
外部開口
階　段
便　所
湯沸室・厨房・シャワー室
和　室
内部雑
外部雑・外構
附　表

主要材料の性質

附表-1

表-1 主要材料の熱膨張係数と比重

材料	熱膨張係数 ×10⁻⁶	温度差70°Cで1m当たりの伸び量（mm）	比重 (t/m³)	比重 (kN/m³)
塩化ビニル樹脂	70〜100	4.9〜7.0	1.35〜1.55	13.2〜15.2
アクリル樹脂板	80	5.6	1.2	11.8
鉛	28.9	2.02	11.2	11.0
FRP	20〜34	1.4〜2.38	1.6	15.7
アルミニウム	23.1	1.62	2.7	26.5
銅板	16.5	1.16	8.9	87.3
ステンレス	14.7	1.03	7.9	77.5
強化プラスチック	10.8〜15.1	0.76〜1.06	1.35〜2.10	13.2〜20.6
鉄	11.8	0.83	7.9	77.5
GRC	8〜15	0.56〜1.05	1.7〜2.3	16.7〜22.6
コンクリート	7〜14	0.49〜0.98	2.3	22.6
大理石	3〜15	0.21〜1.05	2.4	23.5
ガラス	8〜10	0.56〜0.70	2.5	24.5
押出成形セメント板	8	0.56	1.9	18.6
石綿セメント板	5〜12	0.35〜0.84	1.9	18.6
ALC	7〜8	0.49〜0.56	0.6	5.9
花こう岩	4〜10	0.28〜0.70	2.65	26.0
結晶化ガラス	6.2〜7.3	0.43〜0.51	2.5〜2.7	24.5〜26.5
れんが	3〜10	0.21〜0.70	1.9〜2.2	18.6〜21.6
タイル	3〜8	0.21〜0.56	2.0〜2.7	19.6〜26.5
けい酸カルシウム板	5	0.35	0.6〜1.2	5.9〜11.8
木材（繊維方向）	3〜6	0.21〜0.42	0.31〜0.85	3.04〜8.34
せっこうボード	1.9〜3.3	0.13〜0.23	0.8〜1.2	7.8〜11.8

降水量と樋

附表-2

表-2 降水量の最大記録

(『理科年表 平成28年 第89冊』国立天文台編, 丸善)

地点	1時間降水量 mm	年	月	日	統計開始年	10分間降水量 mm	年	月	日	統計開始年	地点	1時間降水量 mm	年	月	日	統計開始年	10分間降水量 mm	年	月	日	統計開始年
札幌	50.2	1913	8	28	1889	19.4	1953	8	14	1937	飯田	79.7	1960	8	5	1929	22.0	1973	8	4	1937
函館	63.2	1939	8	25	1889	21.3	1959	9	11	1937	軽井沢	69.4	1960	8	2	1931	38.5	1960	8	2	1937
旭川	57.3	1912	8	14	1908	29.0	2000	7	25	1937	岐阜	99.6	1914	7	24	1903	30.5	2012	4	3	1937
釧路	55.9	1947	8	26	1937	21.8	1952	6	20	1937	高山	57.0	2014	8	17	1914	24.5	1975	6	15	1937
帯広	56.5	1975	7	17	1919	26.1	1943	8	9	1938	静岡	113.0	2003	7	4	1940	29.0	2003	7	4	1940
網走	38.5	2009	9	16	1919	28.0	2009	9	16	1937	浜松	87.5	1982	11	30	1933	31.5	1982	11	30	1934
留萌	57.5	1988	8	25	1943	15.6	1953	7	31	1943	名古屋	97.0	2000	9	11	1890	30.0	2013	7	25	1937
稚内	64.0	1938	9	1	1938	21.0	1995	8	31	1938	津	118.0	1999	9	4	1916	30.0	1946	10	12	1913
根室	52.6	1955	10	14	1889	18.0	1993	9	1	1937	尾鷲	139.0	1972	9	14	1938	36.1	1960	10	7	1940
寿都	57.5	1990	7	25	1938	18.0	2010	8	24	1938	彦根	63.5	2001	7	17	1894	27.5	2001	7	17	1937
浦河	60.0	2012	9	9	1939	19.5	1984	8	3	1939	京都	88.0	1980	8	26	1906	26.0	2012	7	15	1937
青森	67.5	2000	7	25	1937	20.5	2000	7	25	1937	大阪	77.5	2011	8	29	1889	27.5	2013	8	25	1937
盛岡	62.7	1938	8	15	1923	22.0	1953	8	1	1940	神戸	87.7	1938	8	1	1897	36.5	2012	4	3	1937
宮古	72.0	2010	12	23	1937	22.7	1959	10	10	1940	奈良	79.0	2000	5	13	1953	27.0	2013	8	5	1953
仙台	94.3	1948	9	16	1937	30.0	1950	7	19	1937	和歌山	122.5	2009	11	11	1933	34.5	1950	4	5	1937
秋田	72.4	1964	8	13	1938	27.0	1964	8	13	1942	潮岬	145.0	1972	11	14	1937	38.0	1972	11	14	1938
山形	74.5	1981	8	3	1931	29.0	1958	8	2	1937	鳥取	68.0	1981	7	3	1943	23.5	1969	9	7	1943
酒田	77.8	1949	8	24	1937	23.7	1965	9	5	1937	松江	77.9	1944	8	25	1940	25.6	1958	8	1	1940
福島	70.6	1966	8	12	1937	26.8	1966	8	12	1937	浜田	91.0	1983	7	23	1912	27.4	1963	8	30	1937
小名浜	69.5	2007	8	22	1937	31.5	2007	8	22	1937	西郷	93.0	1988	9	27	1939	29.0	2007	10	17	1939
水戸	81.7	1947	9	15	1906	36.3	1959	7	7	1937	岡山	73.5	1994	8	22	1933	30.5	2014	7	20	1939
宇都宮	100.5	1957	8	7	1930	35.5	1982	6	21	1938	広島	79.2	1926	9	11	1888	26.0	1987	8	13	1937
前橋	114.5	1997	9	11	1912	32.0	2001	7	25	1937	下関	77.4	1953	6	28	1908	32.5	2004	9	16	1937
熊谷	88.5	1943	9	3	1915	35.8	1943	9	3	1937	徳島	90.5	2009	8	10	1901	32.0	1983	9	7	1937
銚子	140.0	1947	8	28	1912	31.2	1957	10	6	1937	高松	68.5	1998	9	22	1941	23.0	1947	7	15	1941
東京	88.7	1939	7	31	1886	35.0	1966	6	7	1940	松山	60.5	1992	8	2	1890	24.0	2012	8	19	1937
大島	122.5	2013	10	16	1938	29.0	2003	7	24	1938	高知	129.5	1998	9	24	1937	28.5	1998	9	24	1938
八丈島	129.5	1999	9	4	1937	32.5	1999	9	4	1937	室戸岬	149.0	2006	11	26	1925	38.0	1942	9	17	1940
横浜	92.0	1998	7	30	1937	39.0	1995	6	20	1937	清水	150.0	1944	10	17	1940	49.0	1946	9	13	1940
新潟	97.0	1998	8	4	1914	24.0	1967	8	28	1937	福岡	96.5	1997	7	28	1896	23.5	2007	7	12	1937
高田	91.0	2006	10	29	1922	33.0	2006	10	29	1937	佐賀	101.5	1937	7	25	1926	26.9	1950	8	6	1926
相川	79.8	1961	8	4	1925	26.5	2010	9	12	1937	長崎	127.5	1982	7	23	1897	36.0	1959	7	8	1937
富山	75.0	1970	8	23	1939	33.0	1970	8	23	1939	厳原	116.0	2003	7	23	1904	29.4	1927	9	2	1904
金沢	77.3	1950	9	18	1937	29.0	1953	8	24	1937	福江	113.5	1967	7	9	1962	28.5	1989	9	21	1962
輪島	73.7	1936	9	15	1929	24.9	1967	8	24	1930	熊本	86.5	2006	6	26	1890	27.0	1991	6	30	1937
福井	75.0	2004	7	18	1940	23.0	2013	9	3	1940	大分	81.5	1993	9	3	1937	29.0	1948	8	16	1941
敦賀	58.5	2014	6	12	1937	23.5	2014	6	12	1937	宮崎	139.5	1995	9	30	1925	38.5	1995	9	30	1937
甲府	78.0	2004	8	7	1937	26.0	2004	8	7	1937	鹿児島	104.5	1995	8	11	1902	33.0	1998	10	7	1938
長野	63.0	1933	8	13	1903	26.5	1947	8	17	1937	名瀬	116.4	1949	10	21	1896	28.0	1968	9	23	1937
松本	59.0	1981	7	18	1936	24.3	1947	8	28	1937	那覇	110.5	1998	7	17	1900	29.5	1979	6	11	1941

表-3 ドレン管径と負担可能な屋根面積

(管径と受け持ち得る最大屋根面積:最大降雨量 180mm/hr の場合)
(『建築工事標準仕様書・同解説 JASS 12 屋根工事』日本建築学会編, 日本建築学会)

管径 (呼び径) (mm)	最大屋根面積 (m²)		
	縦型ドレンおよび縦管[2]	横型ドレンおよび横引き管[3] (勾配 1/50)	横引き管[3] (勾配 1/100)
80 [75][5]	110	70	50
100	240	160	110
125	430	280	200
150	690	460	330
200	1,500	1,000	700

[注] 1) 上表は1ドレンが1本の縦管に接続されている場合に適用し, 2カ所以上のドレンが縦管に合流している場合は流量計算を行って決定する。
2) 縦型ドレン+縦管の下部に横引きがある場合は, 「3) 横引き管」の欄を適用すること。
3) 横引き管の長さが2mを超える場合。それ以外の場合は縦管と同等の負担面積とする。
4) 横引き管に接続する下水側の縦管は, 横引き管と同径とする。
5) 塩ビ管の場合は 75mm に読み替える。
6) 多雨または少雨地域では, 「最大屋根面積=(上表の最大屋根面積×180)/(過去の10分間最大降雨量×6)」とする。
7) 屋上, 庇などの上部に壁がある場合は壁面積の50%を屋根面積に加える。

縦樋最大負担面積の計算例(東京都の場合)

東京都の10分間降水量の最大記録 ················· 35mm (表-2)
(10分間降水量の最大値が 30mm 未満の場合は 30mm とする)
縦樋直径 100mm の最大負担面積 ················· 240m² (表-3)

東京の縦樋 100mm の許容屋根排水負担面積(S):

$$S = \frac{240 \times 180}{35 \times 6} = 206 \text{m}^2 となる。$$

シーリング材

表-4 シーリング材の性質・留意事項
(『建築用シーリング材ハンドブック 2013』，建築用シーリング材ハンドブック編集委員会編，日本シーリング材工業会)[*1]

	項目 シーリング材	復元性	物性変化(引張応力,伸びなど) 材令	物性変化 温度	充填後の収縮	範囲使用温度(℃)	耐候性	耐疲労性	留意事項
混合反応硬化・2成分形	シリコーン系	AA	微小	微小	小	−40〜120	AA	AA	●目地周辺部を汚染することがあるので，汚染防止処理が必要である。●表面に仕上げ材が接着しにくい。●表面にほこりが付着しやすい。●クレーター現象を生じることがある。
	ポリイソブチレン系	A〜B	小〜中	小〜中	小	−30〜100	A	A	●接着性はプライマーに依存する傾向が大きいので，プライマー処理を確実に行う必要がある。●薄層未硬化現象を生じることがある。●わずかにクレーター現象を生じることがある。●表面にタックが残ることがある。●表面の仕上げ塗材や塗料を未硬化にしたり，変色・軟化させることがある。
	変成シリコーン系	A〜C	小〜中	小〜中	小	−30〜90	A〜B	A〜B	●接着性はプライマーに依存する傾向が大きいので，プライマー処理を十分に行う必要がある。●グレイジングを用途としていない。●石材との適合性を事前に確認する必要がある。●薄層未硬化現象を生じることがある。●わずかにクレーター現象を生じることがある。●表面に多少タックが残ることがある。●表面の仕上げ塗材や塗料を未硬化にしたり，変色・軟化させることがある。●表面に光沢差が生じたり，虹色現象が見られることがある。●応力緩和形がある。
	ポリサルファイド系	B〜C	中	中〜大	小	−20〜80	A〜B	B	●ムーブメントの大きい金属カーテンウォール目地・金属笠木目地には好ましくない。●石材との適合性を事前に確認する必要がある。●施工時の気温・湿度が高い場合，発泡のおそれがある(イソシアネート硬化形)。●表面の仕上げ塗材や塗料を変色・軟化させることがある。●シリコーン系などの反応副生成物などにより，表面が硬化することがある。●わずかにクレーター現象を生じることがある(金属酸化物硬化形)。
	アクリルウレタン系	A〜B	小〜中	小〜中	小	−20〜90	A〜B	A〜B	●グレイジングを用途としていない。●表面にタックが残り汚れやすい。●施工時の気温・湿度が高い場合，発泡のおそれがある。●表面の仕上げ塗材や塗料を未硬化にしたり，変色・軟化させることがある。●シリコーン系などの反応副生成物などにより，表面が硬化しないことがある。
	ポリウレタン系	B	中	中	小	−20〜70	B〜C	A〜B	●グレイジングを用途としていない。●耐熱性・耐候性に劣るため，金属パネルや金属笠木などには適していない。●表面にタックが残り汚れやすい。●紫外線や硫黄系ガスにより表面が変色することがある。また，耐候性を補うため，表面には塗装することが望ましい。●表面の仕上げ塗材や塗料を未硬化にしたり，変色・軟化させることがある。●施工時の気温・湿度が高い場合，発泡のおそれがある。●シリコーン系などの反応副生成物などにより，表面が硬化しないことがある。
湿気硬化・1成分形	シリコーン系 高・中モジュラス	A	微小	微小	小	−40〜150	AA	A〜B	●表面に仕上げ材が接着しにくい。●脱酢酸形は鉄などの金属を腐食するので，網入りガラスなどには適していない。脱オキシム形も銅板には注意が必要である。●目地が深い場合，硬化に日数を要する。●表面硬化が速いので，早めにへら仕上げを行う。
	シリコーン系 低モジュラス	AA	微小	微小	小	−40〜120	AA	AA	●目地周辺部を汚染することがあるので，汚染防止処理が必要である。●表面に仕上げ材が接着しにくい。●アルミニウム笠木目地などの硬化過程でムーブメントが大きい場合，変形などの影響を受けやすい。●表面にほこりが付着しやすい。
	シリル化アクリレート系	B	小〜中	小〜中	小	−30〜100	A	A〜B	●ガラス回り目地に適するが，シリコーン系シーリング材の打替えには使用できない。●表面に多少タックが残ることがある。●表面硬化が速いので，早めにへら仕上げを行う。
	変成シリコーン系	B〜C	小〜中	小〜中	小	−30〜90	A〜B	A〜B	●高モジュラス形と低モジュラス形がある。●グレイジングを用途としていない。●低モジュラス形は，表面にほこりが付着しやすい。●表面硬化が速いので，早めにへら仕上げを行う。●表面の仕上げ塗材や塗料を未硬化にしたり，変色・軟化させることがある。
	ポリサルファイド系	B〜C	中	中〜大	小〜中	−20〜80	A〜B	B	●グレイジングを用途としていない。●ムーブメントの大きい金属カーテンウォール目地・金属笠木目地は好ましくない。●表面の仕上げ塗材や塗料を変色・軟化させることがある。●目地が深い場合，硬化に日数を要する。
	ポリウレタン系	B	中	中〜大	小〜中	−20〜70	B	B	●グレイジングを用途としていない。●硬化後タックが残るものがあり，ほこりの付着に注意する。●施工時の気温・湿度が高い場合，発泡のおそれがある。●表面の仕上げ塗材や塗料を未硬化にしたり，変色・軟化させることがある。●シリコーン系などの反応副生成物などにより，表面が硬化しないことがある。●耐候性に優れたものがある。
乾燥硬化・1成分形	エマルションタイプ アクリル系	C	中〜大	大	大	−20〜50	B〜C	C	●乾燥の不十分なコンクリートやモルタル面には施工することができない。●施工直後の表面にはコンクリートやモルタルを打設することができない。●未硬化の状態では，水に弱く雨に流される欠点があり，また，常時水に浸される箇所には使用することができない。●一般に0℃以下では施工することができない。●乾燥硬化タイプの欠点である体積収縮を考慮して仕上げる必要がある。●表面の仕上げ塗材や塗料を未硬化にしたり，変色・軟化させることがある。
	溶剤タイプ ブチルゴム系	C	中〜大	大	大	−20〜50	C	C	●他のシーリング材に比較して収縮が大きい。●耐油性・耐溶剤性が悪い。●硬化する前は，溶剤が含まれているので引火性がある。

[注] 1. 復元性，耐候性および耐疲労性の記述は，AAが最も良好であることを示し，A・B・Cと順次ランクが下がることを意味している。
2. シーリング材の目地寸法の最大幅は40×20mm，最小幅は10×10mm。ただしアクリル系，SBR系，ブチルゴム系の最大幅は20×15mmとする。

附表-3

表-5 シーリング材の打継ぎ接着性の目安[*1]

先打ち ＼ 後打ち	シリコーン系[1)]	シリコーン系[2)]	ポリイソブチレン系	変成シリコーン系	ポリサルファイド系	アクリルウレタン系	ポリウレタン系	アクリル系
シリコーン系[1)]	○	○	※	×	×	×	×	×
シリコーン系[2)]	※	○	×	×	×	×	×	×
ポリイソブチレン系	※	※	○	※	※	※	※	※
変成シリコーン系	※	※	※	△	※	※	※	※
ポリサルファイド系	○	※	※	○	○	○	○	○
アクリルウレタン系	○	※	※	○	○	○	○	※
ポリウレタン系	○	※	※	○	○	○	○	※
アクリル系	×	※	※	○	○	○	○	○

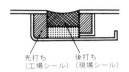

（目地の交差部分での打継ぎは避ける）

［注］1) 2成分形，1成分形（低モジュラス）
2) 1成分形（高モジュラス）
○：打ち継ぐことができる。
△：カットして新しい面を出し，専用プライマーを使用すれば，打ち継ぐことができる。
×：打ち継ぐことができない。
※：シーリング材製造業者に確認が必要である。

表-6 シーリング材に関する汚染現象と対策[*1]

		現象	シリコーン系	ポリイソブチレン系	変成シリコーン系	ポリサルファイド系	アクリルウレタン系	ポリウレタン系	対策 等
シーリング材表面	汚れ	ほこり等の付着	C	B	B	A	C	C	●表面を塗装する（変成シリコーン系，アクリルウレタン系，ポリウレタン系，ある程度は不可避）。
		かび等の発生	B	B	B	B	B	B	●防かび剤入り（シリコーン系，変成シリコーン系）を使用する（外装での発生は少ない）。
	変褪色	紫外線による変・褪色	A	A	A	B	B	C	●表面を塗装する（変成シリコーン系，アクリルウレタン系，ポリウレタン系，ある程度は不可避）。
		硫黄系ガスによる変色	A	A	A	B	C	C	●表面を塗装する（アクリルウレタン系，ポリウレタン系，温泉地は注意する）。
	ゴムビードの成分移行による軟化・変色・接着破壊等（ガラス回り目地）		C	C		C			●ゴムと絶縁する。●事前に選定する。
シーリング材表面の塗装における仕上げ塗材の軟化・変色			仕上げ塗材の種類により異なる						事前検討
周辺部	石材・タイル等のはっ水汚染（シーリング材の成分移行）		C	A	A	A	A	A	●シリコーン系以外の材料を使用する。
	石材へのしみの発生		石材の種類・産地などにより異なる						事前検討
	汚れ		C	B	B	A	B	B	●シリコーン系は定期的にクリーニングする部材に適用。コンクリート，タイルなどの多孔質外壁では他の材料を使用する。●現状では，ある程度やむを得ない。

A：影響なし　B：影響少　C：影響あり
ポリイソブチレン系は事前に製造業者に確認する。

防煙垂れ壁

附表-4

図-1 防煙垂れ壁に関する規定（東京都の場合）

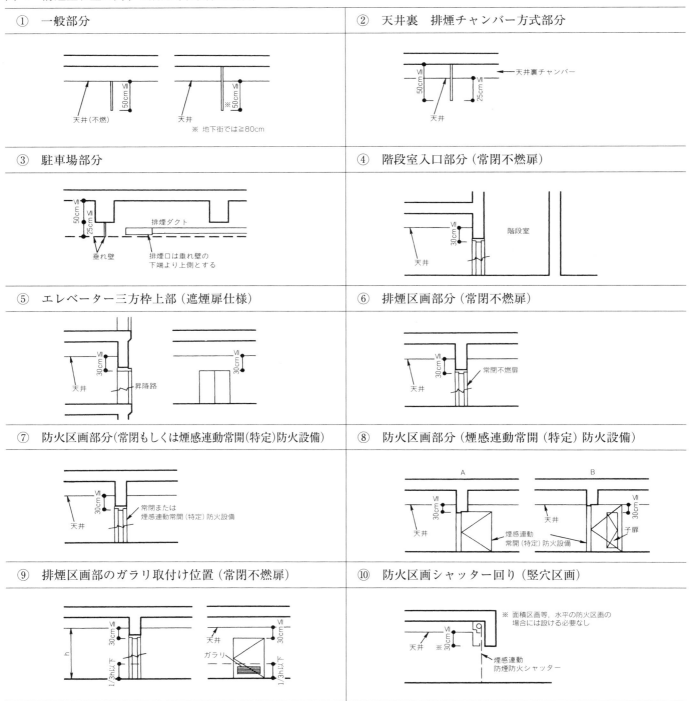

① 一般部分
② 天井裏 排煙チャンバー方式部分
③ 駐車場部分
④ 階段室入口部分（常閉不燃扉）
⑤ エレベーター三方枠上部（遮煙扉仕様）
⑥ 排煙区画部分（常閉不燃扉）
⑦ 防火区画部分（常閉もしくは煙感連動常開（特定）防火設備）
⑧ 防火区画部分（煙感連動常開（特定）防火設備）
⑨ 排煙区画部のガラリ取付け位置（常閉不燃扉）
⑩ 防火区画シャッター回り（竪穴区画）

［注］⑧のBの形状，寸法の決定に当たっては，事前に所轄官庁との打合せを要する。
防煙垂れ壁にガラスを使用する場合は，線入りガラスまたは網入りガラスを使用する。

塗装—1 附表-5

表-7 金属系素地に対する塗装仕様の選び方の目安　　（『建築工事標準仕様書・同解説 JASS 18 塗装工事』日本建築学会編，日本建築学会）[2]

環境	要求性能		グレード	塗装仕様	耐久性指数[1]	コスト指数[2]	適用事例 塗装仕様の特徴	備考
外部	高意匠性	高耐候性 防食性	超高級	常温乾燥形ふっ素樹脂エナメル塗り	V	E	大型鋼構造物 高耐久性仕様	JIS K 5658 建築用耐候性上塗り塗料1級
			超高級	弱溶剤形 常温乾燥形ふっ素樹脂エナメル塗り	V	E	大型鋼構造物 環境を配慮した高耐久性仕様	JIS K 5658 建築用耐候性上塗り塗料1級
			高級	アクリルシリコーン樹脂エナメル塗り	IV〜V	D	大型鋼構造物 耐久性仕様	JIS K 5658 建築用耐候性上塗り塗料1級または2級
			高級	弱溶剤形 アクリルシリコーン樹脂エナメル塗り	IV〜V	D	大型鋼構造物 環境を配慮した耐久性仕様	JIS K 5658 建築用耐候性上塗り塗料1級または2級
			高級	2液形ポリウレタンエナメル塗り	III	C	大型鋼構造物 耐久性仕様	JIS K 5658 建築用耐候性上塗り塗料2級または3級
			高級	弱溶剤形2液形ポリウレタンエナメル塗り	III	C	大型鋼構造物 環境を配慮した耐久性仕様	JIS K 5658 建築用耐候性上塗り塗料2級または3級
		耐候性	汎用	フタル酸樹脂エナメル塗り	II	B	鋼製建具・設備機器 合成樹脂調合ペイント塗りより高級	―
		汎用性	汎用	合成樹脂調合ペイント塗り	I	A	経済的な防錆塗装 一般仕様	―
内部	汎用性		汎用	つや有合成樹脂エマルションペイント塗り	―	B	環境負荷を低減した一般仕様	

［注］1．耐久性指数：I（劣る）⇔V（優れている）
　　　2．コスト指数：A（安価）⇔E（高価）

塗装―2　　附表-6

表-8　セメント系およびせっこうボード素地に対する塗装仕様の選び方の目安*2

環境	透明／着色	要求性能	グレード	塗装仕様	耐久性指数*1	コスト指数*2	塗装仕様の特徴	コンクリート セメントモルタル プレキャストコンクリート部材	ALCパネル	スレート板	けい酸カルシウム板	ガラス繊維補強セメント板	押出成形セメント板	せっこうボード
外部	透明	高耐候性	超高級	常温乾燥形ふっ素樹脂ワニス塗り	V	E	苛酷な環境下での高耐候性透明塗装	○	×	×	×	×	×	×
外部	透明	高耐候性	高級	アクリルシリコーン樹脂ワニス塗り	IV	D	苛酷な環境下での高耐候性透明塗装	○	×	×	×	×	×	×
外部	透明	高耐候性	高級	2液形ポリウレタンワニス塗り	III	C	高級な透明塗装	○	×	×	×	×	×	×
外部	着色	高耐候性	超高級	常温乾燥形ふっ素樹脂エナメル塗り	V	E	苛酷な環境下での高耐候性不透明塗装	○	×	○	×	○	○	×
外部	着色	高耐候性	超高級	弱溶剤形常温乾燥形ふっ素樹脂エナメル塗り	V	E	環境負荷を低減した苛酷な環境下での高耐候性不透明塗装	○	×	○	×	○	○	×
外部	着色	高耐候性	高級	アクリルシリコーン樹脂エナメル塗り	IV	D	苛酷な環境下での高耐候性不透明塗装	○	○	○	×	○	○	×
外部	着色	高耐候性	高級	弱溶剤形アクリルシリコーン樹脂エナメル塗り	IV	D	環境負荷を低減した苛酷な環境下での高耐候性不透明塗装	○	○	○	×	○	○	×
外部	着色	高耐候性	高級	2液形ポリウレタンエナメル塗り	III	C	耐候性のある高級な不透明塗装	○	○	○	×	○	○	×
外部	着色	高耐候性	高級	弱溶剤形2液形ポリウレタンエナメル塗り	II	C	環境負荷を低減した高級な不透明塗装	○	○	○	×	○	○	×
外部	着色	美装性	高級	ポリウレタンエマルションペイント塗り	II	C	一般的な不透明塗装	○	○	○	○	○	○	○
外部	着色	美装性	汎用	アクリル樹脂系非水分散形塗料塗り	I	B	一般的な不透明塗装	○	○	○	×	○	○	×
外部	着色	美装性	汎用	つや有合成樹脂エマルションペイント塗り	I	B	一般的な不透明塗装	○	○	○	○	○	○	○
外部	着色	美装性	汎用	合成樹脂エマルションペイント塗り	I	A	一般的な不透明塗装	○	○	○	○	○	○	○
内部	透明	美装性	高級	2液形ポリウレタンワニス塗り	―	C	高級な透明塗装	○	×	×	×	×	×	×
内部	着色	美装性	汎用	つや有合成樹脂エマルションペイント塗り	―	B	一般的な不透明塗装	○	○	○	○	○	○	○
内部	着色	美装性	汎用	合成樹脂エマルションペイント塗り	―	A	一般的な不透明塗装	○	○	○	○	○	○	○
内部	着色	美装性	汎用	多彩模様塗料塗り	―	B	意匠性を要求される部位に適用	○	○	○	○	○	○	○

［注］
1. 耐久性指数：I（劣る）⇔ V（優れている）
2. コスト指数：A（安価）⇔ E（高価）
3. 素地の種類：○　適用する　×　適用しない

塗装—3 　　附表-7

表-9　木質系素地に対する塗装仕様の選び方の目安[*2]

環境	透明/着色	要求性能	グレード	塗装仕様	耐久性指数[*1]	コスト指数[*2]	塗装仕様の特徴
外部	半透明	美装性	汎用	木材保護塗料塗り	Ⅰ	C	定期的な塗替えが必要 外壁の半透明塗装
外部	ステイン	美装性	汎用	ピグメントステイン塗り	Ⅰ	B	美観は低下するが，塗膜を形成しないためはがれない
外部	着色	美装性	汎用	合成樹脂調合ペイント塗り	Ⅰ	B	定期的な塗替えが必要 外壁の不透明塗装
外部	着色	美装性	高級	つや有合成樹脂エマルションペイント塗り	Ⅱ	C	定期的な塗替えが必要 外壁の不透明塗装
内部	透明	高耐久性	高級	2液形ポリウレタンワニス塗り	—	C	柱・造作材・建具・家具・壁面・床 高級透明塗装
内部	透明	耐久性	高級	2液形ポリウレタンクリヤーラッカー塗り	—	C	柱・造作材・建具・家具・壁面・床 高級透明塗装
内部	透明	耐久性	高級	1液形油変性ポリウレタンワニス塗り	—	B	柱・造作材・建具・家具・壁面・床 高級透明塗装
内部	透明	美装性	高級	クリヤーラッカー塗り	—	D	柱・造作材・建具・家具・壁面・床 高級透明塗装
内部	ステイン	美装性	汎用	オイルステイン塗り	—	A	造作材・建具・壁面 経済的透明塗装
内部	ステイン	美装性	汎用	ピグメントステイン塗り	—	A	造作材・建具・壁面 経済的透明塗装
内部	着色	美装性	高級	つや有合成樹脂エマルションペイント塗り	—	C	柱・造作材・建具・家具・壁面・床 不透明塗装
内部	着色	汎用性	汎用	合成樹脂調合ペイント塗り	—	B	柱・造作材・建具・家具・壁面・床 不透明塗装
内部	着色	汎用性	汎用	合成樹脂エマルションペイント塗り	—	B	柱・造作材・建具・家具・壁面・床 不透明塗装

［注］1. 耐久性指数：Ⅰ（劣る）⇔Ⅴ（優れている）
　　　2. コスト指数：A（安価）⇔E（高価）

規格部材表—1　　附表-8

表-10　鋼材

□	▭	□	▭	□	▭	○	▨	⊔	∟
25×25×1.2	30×20×1.2	9×9×1.0	19×10×1.2	50×50×1.6	60×30×1.6	9	9.5	75×40×5	20×20×3
×1.6	×1.6	12×12×1.0	22×10×1.2	×2.3	×2.3	9.5	13	100×50×5	25×25×3
×2.3	40×20×1.2	13×13×1.2	25×12×1.2	×3.2	×3.2	13	16	125×65×6	30×30×3
26×26×1.2	×1.6	14×14×1.2	×1.6	60×60×1.6	75×45×1.6	16	19	150×70×6	×5
×1.6	×2.3	16×16×1.2	28×18×1.2	×2.3	×2.3	19	22	×75×6.5	40×40×3
30×30×2.3	×3.2	×1.6	30×16×1.2	×3.2	×3.2	22	25	×7	×5
×3.2	50×20×2.3	19×19×1.2	×1.6	75×75×2.3	100×50×1.6	25	32	×9	45×45×4
31×31×1.2	50×30×1.6	×1.6	32×14×1.2	×3.2	×2.3	28	38	150×90×12	50×50×4
×1.6	×2.3	21×21×1.2	×1.6	80×80×2.3	×3.2	30	50	180×75×7	×6
35×35×3.2	×3.2	×1.6	40×16×1.2	×3.2	125×75×2.3	32		×10	65×65×6
40×40×1.6	70×30×1.6	22×22×1.2	×1.6	100×100×2.3	×3.2	34		200×80×7.5	×8
×2.3	×2.3	×1.6	40×25×1.2	×3.2	×4.5	36		×90×8	70×70×6
×3.2	75×25×1.6	24×24×1.2	×1.6	125×125×3.2	150×100×3.2	38		250×90×9	75×75×6
50×50×1.6	80×40×1.6	25×25×1.2	50×26×1.6	×4.5	×4.5	42		300×90×9	×9
×2.3	×2.3	×1.6	60×30×1.6	×6.0	200×100×4.5	44		×10	×12
×3.2	×3.2	28×28×1.2		150×150×4.5	×6.0	46		×12	80×80×6
		×1.6		×6.0		48			90×90×6
		32×32×1.2		200×200×4.5		50			×7
		×1.6		×6.0	60×30×10×1.6			▬	×10
○		38×38×1.2			×2.3			3	×13
12.7×1.0	31.8×1.2	×1.6			75×45×15×1.6		▨	4.5	100×100×7
×1.2	×1.6	45×45×1.6			×2.3			6	×10
×1.6	×2.0	×2.3			100×50×20×1.6			9	×13
15.9×1.2	34.0×1.6	×3.2			×2.3	2.3		12	130×130×9
×1.6	38.1×1.2				×3.2	3.2		16	×12
19.1×1.2	×1.6				125×50×20×2.3	4.5		19	×15
×1.6	×2.0				×3.2	6.0		22	150×150×12
22.2×1.2	42.7×1.6				150×50×20×3.2	9.0		25	×15
×1.6	45.0×1.6				×65×20×3.2				
25.4×1.2	50.8×1.6				×75×25×3.2				
×1.6	63.5×2.0				200×75×20×3.2				
×2.0	76.3×1.6				×25×3.2				
28.6×1.2	×2.0								
×1.6									

表-11　アルミニウム材

□		▭		∟		∟		▨	
9×9×1.2	50×50×2	15×10×1.2	60×40×2	10×10×1.2	25×25×5	15×10×1.5		6	45
10×10×1	×2.5	25×12×1.2	×2.5	×1.5	30×30×1.5	20×10×1.5		7	50
12×12×1.2	×3	×15×1.5	×3	×2	×2	×15×1.5		8	55
15×15×1.2	60×60×2	30×15×1.5	×4	12×12×1.2	×3	×2		9	60
×1.5	80×80×2.5	×20×1.5	70×30×2	15×15×1	×4	25×10×1.5		10	65
19×19×1.5	100×100×2.5	×2	×2.4	×1.5	×5	×15×2.0		12	70
×2.4	×3	×2.5	×3	×2	35×35×4	×20×2		13	75
20×20×1.5		×25×3	×40×3	×3	40×40×2	30×10×1.5		14	
×2		40×20×1.5	80×40×2.5	19×19×1	×3	×20×2		15	
25×25×1.5		×2	×3	20×20×1.5	×4	×3		16	
×2		×2.5	100×30×2	×2	×5	40×10×1.5		18	
×2.5		×25×3	×2.5	25×25×1	50×50×3	×20×2		19	
30×30×1.5		×30×2	×50×2.5	×1.2	×5	×3		20	
×2		50×25×2	×2	×1.5	×6	50×25×3		22	
×3		×30×2	120×60×2.5	×2		×35×4		25	
40×40×2		60×25×2	150×50×2.5	×2.5		60×40×5		30	
×2.5		×30×2	×3	×3		75×50×5		32	
×3			×2.5	×4				35	
								38	
								40	

規格部材表—2　　　　附表-9

表-12　ステンレス鋼材（SUS304）

□	1.0	1.2	1.5	2.0	3.0
7 × 7	○				
9 × 9	○				
10 × 10	○	○			
12 × 12	○	○			
13 × 13	○	○			
14 × 14	○	○			
16 × 16	○	○	○		
19 × 19	○	○	○	○	
20 × 20	○	○			
21 × 21	○	○			
22 × 22	○	○			
24 × 24	○	○			
25 × 25	○	○	○		
25.6 × 25.4		○			
28.4 × 28.6		○			
30 × 30		○	○		
32 × 32		○	○	○	
35 × 35		○	○		
38.5 × 38.5		○	○		
40 × 40		○	○		
41 × 41	○				
46 × 46			○	○	
50 × 50			○	○	○
60 × 60			○	○	
75 × 75				○	○
100 × 110				○	○

▭	1.0	1.2	1.5	2.0	3.0
19 × 10	○	○			
22 × 12	○	○	○		
24 × 14	○	○	○		
25 × 12		○			
30 × 20		○	○		
× 25		○	○		
32 × 16	○	○			
40 × 18		○			
× 20		○	○	○	
× 25		○	○	○	
50 × 20		○	○		
× 25		○	○		
× 30		○	○		
51 × 26		○	○		
60 × 25		○	○		
× 30		○	○		
× 40		○	○		
61 × 32		○	○		
65 × 18	○				
70 × 25			○	○	
× 30			○	○	
75 × 45			○	○	○
80 × 40			○	○	
90 × 30			○	○	
× 50			○	○	
100 × 40				○	
× 50				○	
120 × 60				○	
125 × 75				○	○
150 × 50				○	○

∠形鋼（アングル）

- 20 × 20 × 3
- 25 × 25 × 3
- 30 × 30 × 3
- × 4
- × 5
- × 6
- 35 × 35 × 3
- × 4
- × 5
- × 6
- 40 × 40 × 3
- × 4
- × 5
- × 6
- 45 × 45 × 4
- × 5
- × 6
- 50 × 50 × 3
- × 4
- × 5
- × 6
- × 8
- × 10
- 55 × 55 × 4
- × 5
- × 6
- 60 × 60 × 5
- × 6
- × 8
- × 9
- × 10
- 65 × 65 × 6
- 70 × 70 × 5
- × 6
- × 8
- × 9
- × 10
- 75 × 75 × 6
- × 9
- × 10
- × 12
- 80 × 80 × 6
- × 8
- × 9
- × 10
- × 12
- 90 × 90 × 6
- × 8
- × 9
- × 10
- × 12
- 100 × 100 × 6
- × 8
- × 9
- × 10
- × 12

平鋼（フラットバー）

- 12 × 6 × 1.0
- × 1.2
- 25 × 6 × 1.2
- × 1.5
- × 9 × 1.5
- 30 × 6 × 1.2
- × 1.5
- × 9 × 1.5
- 40 × 6 × 1.2
- × 1.5
- × 9 × 1.5
- 50 × 6 × 1.2
- × 1.5
- × 9 × 1.5
- × 12 × 1.5
- 65 × 6 × 1.2
- × 1.5
- × 9 × 1.2
- × 12 × 1.5
- 75 × 9 × 1.5
- × 12 × 1.5

長円形

- 37 × 14 × 1.5
- 46 × 20 × 1.2
- × 1.5
- 65 × 20 × 1.2
- × 12
- 80 × 25 × 1.5
- 100 × 35 × 2.0

縞鋼板

- 2.5
- 3.0
- 3.5
- 4.0
- 4.5
- 5.0
- 6.0

楕円形

- 28 × 16 × 1.2
- 50 × 20 × 1.5
- 60 × 30 × 1.5
- 71 × 23 × 1.2
- × 1.5
- 35 × 19 × 1.5
- 80 × 28 × 1.5
- 120 × 45 × 2.0

○	0.8	1.0	1.2	1.5	2.0	3.0
5	○					
6	○	○				
7		○				
8		○				
9		○				
10		○				
12		○				
13		○	○	○		
13.8			○	○		
14		○				
15		○				
16		○	○	○		
17.3					○	
19		○	○	○		
21.7					○	
22		○				
25		○	○	○	○	
25.4			○			
27.2					○	
32			○			
34			○			
38			○			
42.7			○		○	
45				○		
48.6					○	
50			○			
50.8					○	
60.5					○	
76.3					○	○
89.1					○	○
101.6					○	○
114.3						○
139.8					○	○
165.2						○
216.3						○

表-13　硬質塩化ビニル管

呼び径	一般管（VP）			薄肉管（VU）		
	外径 基本寸法 (mm)	厚さ 最小寸法 (mm)	近似内径 (mm)	外径 基本寸法 (mm)	厚さ 最小寸法 (mm)	近似内径 (mm)
13	18	2.2	13	—	—	—
16	22	2.7	16	—	—	—
20	26	2.7	20	—	—	—
25	32	3.1	25	—	—	—
30	38	3.1	31	—	—	—
40	48	3.6	40	48	1.8	44
50	60	4.1	51	60	1.8	56
65	76	4.1	67	76	2.2	71
75	89	5.5	77	89	2.7	83
100	114	6.6	100	114	3.1	107
125	140	7.0	125	140	4.1	131
150	165	8.9	146	165	5.1	154
200	216	10.3	196	216	6.5	202
250	267	12.7	240	267	7.8	250
300	318	15.1	286	318	9.2	298
350				370	10.5	348
400				420	11.8	395
450				470	13.2	442
500				520	14.6	489

［注］1. 標準長さは 4,000±10mm。
　　　2. 薄肉管（VU）は連通管，通気管，水抜き管等に使用する。
　　　3. 横向排水には VP 管 150～250mm，VU 管は 300～500mm を使用する。

編 集 後 記

　戸田建設では，1969年に最初の「標準詳細図集」を，社員教育のテキストや技術検討の資料とする目的で作成して以来，建築材料や工法の変化を見ながら，「一般建物編」の改訂を繰り返す一方で，「集合住宅編」や「ALCパネル編」といった詳細図集を社内の資料として作成してきました。

　1993年に，「標準詳細図集・一般建物編」をもとに，施工図の専門部署である生産設計課を中心として培ってきたディテールに関するノウハウを，施工会社一社のものとして留めるだけでなく，広く公開することによって，建築を学ぶ学生の方々や卒業間もない方々に対する参考書として役立つのではないか，また，建設業界における建築技術の進歩に微力ながら貢献できるのではないかと考え，本書の第1版を出版いたしました。

　時代の流れとともに，変化していく技術を常に最新のものに保つことは，多くの努力を要し，難しいものです。今回の改訂に際し，最新の社内資料や社内外の規格・基準を確認し，議論を繰り返しながら構成しました。しかしながら技術は日々進歩しており，本書の内容は必ずしも絶対のものではありません。今後も読者諸氏の御意見をいただきながら，さらに充実を図っていきたいと考えております。

　末筆ながら，改訂の過程で貴重な御意見をいただいたり，各種資料を提供していただいた多くの方々に，心からお礼を申し上げます。

....

戸田建設（株）・標準ディテール図集作成チーム（1993年）
（50音順）

大泉　善弘，太田　博之，木下　三喜雄，篠原　志理，段　志信，
千坂　信行，名和　顕，西野　和行，槇野　雄二，松岡　正憲

戸田建設（株）・標準ディテール図集改訂チーム（2007年）
（50音順）

太田　博之，鈴木　祐美子，千坂　信行，中村　匡志，
中村　保則，平岡　卓志，槇野　雄二，宮脇　史朗

戸田建設（株）・生産設計部課 標準ディテール図集改訂チーム（2018年）
（50音順）

荻田　真士，小坂　泰，駒田　力，坂井　伸悟，
坂本　祐介，田口　梓，田中　公靖，中村　保則，
平川　貴大，藤田　輝男，山口　智美

戸田建設の建築標準ディテール図集 第3版──設計・施工の蓄積から

1993年 4 月10日　第 1 版　発　行
2007年 4 月30日　第 2 版　発　行
2018年 2 月10日　第 3 版　発　行
2023年10月10日　第 3 版　第 3 刷

	編著者	戸 田 建 設 建 築 工 事 技 術 部
著作権者との協定により検印省略	発行者	下　　出　　雅　　徳
	発行所	株 式 会 社 彰 国 社

自然科学書協会会員
工学書協会会員

Printed in Japan

Ⓒ 戸田建設建築工事技術部　2018 年

162-0067 東京都新宿区富久町8-21
電話　03-3359-3231(大代表)
振替口座　00160-2-173401

装丁：長谷川純雄　印刷：真興社　製本：誠幸堂

ISBN 978-4-395-32103-2 C3052　　https://www.shokokusha.co.jp

本書の内容の一部あるいは全部を、無断で複写(コピー)、複製、および磁気または光記録媒体等への入力を禁止します。許諾については小社あてご照会ください。